맘스타트업

여자니까, 엄마니까, 창업하라!

맘스타트업

여성 창업 실전 가이드

여자니까,
엄마니까,
창업하라!

MOM
START
-UP

머메이드

차 례

프롤로그 • 010

01 창업창생

1-1 창업을 한다는 건 내가 삶의 주인으로 살아간다는 것 • 018
1-2 도전하는 엄마들의 이야기 • 022

02 나는 연쇄 창업자다

2-1 Welcome EJ, 나의 세계에 온 것을 환영해 • 028
2-2 안녕하세요, 치치그린 님 • 033
2-3 창업이라는 꺼지지 않는 마음의 불꽃 • 037
2-4 '세 번째 창업'이라고 믿었던 것 • 042
2-5 아이디어를 실현하는 것, 아이디어를 사업으로 만든다는 것 • 045
2-6 실패는 끝이 아닌 일어설 기회 • 049
2-7 다시 살기 위한 진짜 전략 • 052
2-8 창업에도 공식이 있다면 • 056

03 창업 1단계 / 가치관 재정립

3-1   당신은 오늘 당장 죽을지도 모른다   • 062
3-2   당신 마음의 선택이 당신의 미래를 결정지을 것이다   • 066
3-3   1년 후, 5년 후, 10년 후 당신의 모습을 그려 보자   • 070
3-4   우리는 인생 120세 시대를 향해 가고 있다   • 076
3-5   당신은 당신의 아이에게 자랑스러운 엄마가 될 수 있다   • 081

04 창업 2단계 / 나에 대해 깨닫기

4-1   나를 알아야 하는 이유   • 086
4-2   내면의 나와 대화해 보기   • 091
4-3   나의 강점 파악하기   • 094
4-4   성공적인 창업을 위해 필요한 10가지 조건   • 099
4-5   '엄마'의 경험이 강점이 될 수 있다   • 105
4-6   나는 어떤 유형의 창업을 할 수 있을까   • 110

05 창업 3단계 / 아이템 만들기

5-1 창업에서 아이템이란 • 120
5-2 창업 아이템 발굴을 위한 창의력 훈련 • 126
5-3 나만의 창업 아이템 만들어 보기 • 131
5-4 더 쉽고 정확하게 아이템 선정을 도와주는 방법 • 136

06 창업 4단계 / 사업계획서 만들어 보기

6-1 사업계획서가 무엇일까? • 142
6-2 나의 사업 한 줄로 요약해 보기 • 147
6-3 사업계획서에 들어가야 할 항목 • 151
6-4 비즈니스 모델 캔버스를 작성해 보자 • 156
6-5 사업계획서와 지원 사업계획서의 차이점 • 160
6-6 사업계획서를 쓰면 좋은 점 • 164

07 창업 5단계 / 당신만의 퍼널을 만들기

7-1 나의 팬을 만드는 비밀공식 '마케팅 퍼널' • 170
7-2 SNS로 나만의 퍼널 시작하기 • 174
7-3 퍼널 운영하기 11단계 • 179
7-4 퍼널 성장을 위해 지켜야 할 5가지 • 186

08 창업 6단계 / 엄마 기업가정신

8-1 엄마의 기업가정신 • 192
8-2 신데렐라 같은 워킹맘들의 시간 • 195
8-3 멀리 가려면 함께 가라 • 200
8-4 80% 법칙 • 204
8-5 워킹맘 효과 • 208
8-6 슈퍼우먼이 된다는 것 • 212
8-7 당신은 이제 엄마이면서 한 회사의 대표님 • 216

에필로그 • 219
부록 • 220

프롤로그

현실을 직시하세요

나는 전 재산 50만 원을 들고 서울에서 월세가 가장 싸다는 대학동 산동네 무보증 월세방을 알아보고 있었다. 그 와중에도 이것저것 따지는 나에게 부동산 직원이 던진 한마디는 "현실을 직시하세요."였다. 5년 전 내 통장에는 전 재산 50만 원과 빚 1억 5천만 원이 있었다.

한때 신예 디자이너로 선정되었던 나인데, 중국 브랜드에서도 협업하고 싶다고 지목했던 나인데. 내가 실패를 하게 될 것이라고는 생각지도 못했다. 나는 항상 자신감에 차 있었고, 노력 대비 운이 좋다고 생각하고 있었다. 그런 나였지만 당시엔 정말 죽고 싶었다. 꼬박 5일을 아무것도 먹지 않고 망한 사무실 한편에 누워서 죽는 방법을 검색했다. 그런데 그 와중에도 '목을 매달아 죽으면 목이 아프겠지?', '높은 데서 떨어지면 어떨까? 만에 하나 안 죽고 장애만 얻는다면 어떡하지? 끔찍하게 죽어서 내 모습을 처음 본 사람들은 평생 트라우마를 얻게 되겠지?', '굶어 죽는 건 어떨까? 25일이나 걸린다고? 너무 힘들어 보이는데.'와 같은 생각이 들었다. 나는 죽는 방법과 죽지 않을 이유를 동시에 찾고 있었던 거다.

그러다 6일째가 되던 날 결심했다.

"죽는 것도 쉽지 않구나. 어차피 살아야 한다면 허접하게 살진 말자."

나는 다시 도전했다. 실패자로 남고 싶지 않아서, 살아야 한다면 다시 내 방식으로 살고 싶어서 재도전하기로 했다. 그리고 5년이 지난 지금의 나는 결혼을 하고, 집도 사고, 누적 매출 25억 원을 달성한 5년 차 사회적 기업가가 되어 있다.

나에게는 나와 20살, 정확히는 19년 7개월의 엄청 큰 나이 차가 나는 늦둥이 동생이 있다. 엄마는 나를 23살에, 동생은 42살이 되었을 때 낳으셨다. 대학에 입학해 첫 학기 책을 고르고 있던 3월 어느 날, 책방에서 엄마의 임신 소식을 전화로 받았고, 11월이 끝나갈 무렵 산부인과에서 TV 속 한 장면처럼 유리창 너머로 갓 태어난 붉은 동생의 모습을 보았다. 그때의 신기하고 감격스러웠던 감정이 아직도 눈에 선하다. 그리고 나는 맞벌이하는 엄마를 대신해 동생을 돌보게 되었다. 남자 친구와의 2주년 기념일에도 동생을 데리고 다녀야 하는 간접 육아를 경험했다.

어린 마음에도 육아란 것이 얼마나 힘든 일인지 알 수 있었다. 오죽하면 당시 사회적 이슈가 되었던 사건, 산후 우울증으로 고통받던 한 엄마가 아이를 창문 밖으로 던지고 자신도 자살했던 그 사건 속 여자의 마음이 이해될 지경이었다. 그때의 경험으로 나의 무의식에는 아이가 있으면 내 커리어가 망가질지도 모른다는 두려움이 자리 잡게 되었던 것 같다. 나와 남편은 아이를 낳아 기르는 대신 우리의 일을 지속하기로 했다. 나는 이미 양육과 일을 동시에 잘한다는 것이 얼마나 힘든 일인지를 알고 있었다.

마흔 살이 되던 해, 나는 한 경력 단절 엄마를 만나게 되었다. 가방을 만들어 판매하는 일로 창업을 하고 싶다고 찾아온 그녀는 눈빛을 반짝였고, 그 모습에 간절함이 느껴졌다. 그래서 더욱 도와주고 싶은 마음이 들었다.

사실 그때 나는 지쳐 있었다. 죽음까지 결심했던 실패의 고통 끝에 오기와 독기로 회사를 다시 성장시키면서 성장과 성과만을 지향하던 때였다. 나는 점점 무망(無妄)의 상태가 되어 가는 것 같았다. 그렇게 그녀와의 인연이 시작되었고, 그녀를 통해 육아를 하며 창업에 도전하는 몇 명의 다른 엄마들도 만나게 되었다.

그녀들은 진지했고 열정이 넘쳤다. 오전에는 아이를 유치원에 데려

다주고 일을 하다 4시가 되면, 다시 유치원에서 아이들을 픽업해야 한다며 떠났다. 그녀들은 다른 이들에 비해 근무 시간이 짧긴 했지만 다시 얻게 된 기회를 소중하게 생각하고 있었다. 그녀들은 내게 육아와 남편 이야기가 아닌 오로지 자신들의 이야기, 자신들이 어떻게 창업을 해 나가야 하는지, 어떤 방법을 활용할지에 대한 이야기만 했다. 아주 사소한 나의 조언도 그녀들은 새겨들었고, 세상을 향한 나의 어떤 제안도 함께 하길 주저하지 않았다.

나 또한 그녀들의 열정 덕분에 새로운 에너지가 채워지고 있음을 깨닫게 되었다. 그녀들을 돕고 싶었다. 육아로 인해 자신을 잃어 가는 경험을 하고, 남편들의 반대를 무릅쓰며 시작한 일이기에 그녀들이 얼마나 힘든 도전을 하고 있는지 나는 너무나 잘 알고 있었으니까.

사람은 살면서 매 순간 선택의 갈림길에 서고, 또 그 선택과 선택의 집합이 모여 현재의 자신을 이룬다. 그런데 매 순간 나의 행복을 위한 길을 선택한다고 생각하며 살아왔던 지난 몇 년의 결과가 겨우 번아웃(burnout)과 무망의 감정이었다. 작년, 나는 다시 한번 선택의 갈림길에 섰다. 그리고 경력이 단절되었던 엄마들을 많이 만나고, 그녀들이 다시 사회로 나아가는 길에 선배의 마음으로 힘과 도움을 주고 싶다는 생각을 하게 되었다.

그러기 위해서 나는 2023년 3월부터 '도전하는 엄마들의 이야기 / 워크맘'이라는 유튜브 채널을 운영하고 있다. 그리고 오픈 채팅방을 통해 도전을 망설이는, 그렇지만 열망이 있는 엄마들도 만나고 있다.

그녀들의 이야기를 들어 보니 대체로 이러하다.

'열망은 있지만 남편이 있고 아이가 있어 망설여진다.', '도전하고 싶지만, 실패할까 두렵다.', '어떻게든 조금씩 앞으로 나아가려고 용기 내고 있지만, 집에서는 남편이 "돈도 안 되는데 애 안 보고 밖에 나가서 뭐 하고 돌아다니냐"고 한다.', '도전한다고 해도 방법을 모르겠다. 그래서 인터넷 부업을 자꾸만 기웃거리게 된다.', '계속 이렇게 지내고 싶진 않다. 최종적으로 아이들에게 도전하는 멋진 엄마로 기억되고 싶다.'와 같은 생각들이다.

여자들은 인생에 두 번, 가장 큰 변곡점을 갖게 되는 것 같다. 하나는 결혼, 하나는 출산이다. 아이를 낳으면 그 순간부터 내가 그렸던 내 인생의 그림이 다 망가져 버릴 것 같은 기분이 든다. 이때 다시 한번 자신의 인생을 재설정하는 시기가 오게 된다.

'내 인생을 가족에게 거느냐, 나에게 거느냐?'

물론 힘든 거 안다. 요청만 하면 바로 나서 주는 도움 같은 게 없는 것도 안다. 하지만 계속 누군가의 엄마로, 누군가의 아내로만 살 순 없지 않은가? 진정한 나의 길을 가는 것, 나를 찾아가는 것이 결국은 좋은 엄마, 좋은 아내가 되는 길이라는 걸 자신이 제일 잘 알고 있을 것이다.

며칠 전 워킹맘 인터뷰를 위해 알고 지내던 한 사업체 대표님을 찾아갔다. 공무원인 그분의 남편은 그분이 힘들다고 할 때마다, "그렇게 힘들면 때려치워!"를 반복했다고 했다. 그렇게 꿋꿋이 14년을 버텼는데, 지난해 남편분이 정년퇴직하게 되었다고 했다. 대표님이 14년간 꾸준히 운영한 사업체는 더욱 성장세를 달리고 있는데, 남편분은 무직으로 할 일이 없어졌다.

"나 당신 회사에서 일해도 될까? 이럴 줄 알았으면 내가 옛날에 좀 많이 도와줄 걸 그랬네."

남편분이 한 말이라고 한다. 전세가 역전되는 순간이어서인지 통쾌함이 느껴졌다고 했다.

엄마 사업가, 엄마 창업가

'엄마 사업가' 또는 '엄마 창업가'라는 말을 들으면 어떤 생각이 떠오르는가? 사업이나 창업은 엄마가 할 일이 아니라고 생각하는가? 대표님이란 호칭은 특별한 사람만이 들을 수 있다고 생각하는가? 그런데 말이다. 여러분이 지금 이 책을 읽고 있다는 것만으로도 당신의 마음속 한편엔 '자신의 이름을 건, 자신의 일에 대한 소망이 자리 잡고 있다'는 의미일지도 모른다.

창업한다는 것은 자신의 삶을 스스로 만들어 가기를 선택했다는 것이다. 이 책은 엄마들이 창업하는 방법과 노하우를 알려주는 창업 안내서의 모습을 띠고 있지만, 창업 안내서이기 전에 엄마들이 '나다움'을 찾을 수 있도록 도와주는 비법서이기도 하다. 당장 창업을 하지 않더라도 나다워지는 방법을 알고 있다면 언젠가는 자신의 생각을 실현할 수 있다는 자신감을 얻게 될 것이다. 그리고 자신이 가려는 길에 혼자 있다는 생각을 하지 말아라. 우리 주변의 다양한 워크맘들이 여러분이 가려는 길을 함께 응원해 줄 것이다.

'아무것도 하지 않으면 아무 일도 일어나지 않는다.'라는 말이 있다. 많은 사람이 동기부여 할 때 쓰는 흔한 명언 중 하나다. 당신은 아직도 무엇을 망설이고 있는가? 누구의 아내, 누구의 엄마로만 사는 것이 정말 당신이 원하는 삶이었는가? 혹시 실패가 두려워 도전을 망설이고 있진 않은가? 지금이 아니어도 괜찮다. 속도가 나지 않아도 괜찮다. 그저 마음속 진짜 나 자신을 찾기 위한 열망을 가지고 있기만 해도 된다. 그리고 당신을 믿어 보라. 당신은 할 수 있다.

01

창업창생

나는 내가 창업해야
행복해질 수 있다고 생각했다.

1-1 창업을 한다는 건
내가 삶의 주인으로 살아간다는 것

　나는 어릴 때부터 이상하게 가장 유행하는 것은 선택하지 않았다. 오히려 독특한 것, 나만 유일하게 가지고 있는 것, 나만 유일하게 해 본 것… 이런 것들이 훨씬 더 끌렸다. 그래서인지 삶도 남들이 사는 방식으로 살고 싶지 않았다. 내가 창업을 하게 된 것도 이런 이유였을지도 모른다.

　사실 창업을 하고 사업을 이끌어 가는 내내 항상 행복했던 건 아니다. 아니, 행복하지 않은 순간들이 더 많았고, 그런 마음의 연속이었다. 무언가를 선택할 때 가장 중요한 기준은 나의 만족과 행복이었다. 나는 내가 창업해야 행복해질 수 있다고 생각했다. 그런데 막상 창업한 이후의 시간들은 좌절과 불안의 연속이었다. 아무도 알려 주지 않은, 아무도 살아 보지 않은 길을 가야 했기 때문에 내 선택의 결과를 알 수 없어서였다.

그런데 이렇게 힘든 길을 계속 가고 있다. 힘들어서 울기도 하고 가끔은 후회도 하고 어떤 순간에는 죽고 싶다는 생각이 들 정도로 괴롭기도 하지만 여전히 나는 창업가, 사업가의 길을 가고 있다. 번아웃으로 무기력에 빠진 상황에서도 내가 선택했던 출구는 또 다른 창업의 기회였다.

얼마 전 창업 관련 강의를 할 기회가 있었다. 창업 아이디어에 대한 'MVP 테스트'란 수업이었다. 창업 관련 용어인 MVP란 'Minimum Viable Product(최소 기능 제품)'의 약자다. MVP 테스트는 본격적인 제품과 서비스를 출시하기 전, 자신의 제품이나 서비스의 성공 확률을 높일 수 있도록 사전에 자신의 아이디어에 대한 가설을 점검하는 작업을 말한다.

많은 사람이 창업에 대해 한 번쯤 생각해 보지만, 막상 시도해서 실제 창업으로 연결하는 사람은 많지 않다. 그 이유가 무엇일까? 여러 가지 이유가 있겠지만 가장 흔한 이유는 '실패가 두려워서'가 아닐까. 실패할까 봐 두렵다는 것은 무슨 뜻일까? 내 생각에 확신이 없다는 것이다. 확신이 없다는 것은 성공에 대한 데이터가 없다는 뜻이기도 하다. 해 보지 않았기 때문에 성공할지 실패할지 알 수가 없는 것이다. 그러므로 두렵다. 자신이 없다. 그런 이유로 대부분 생각에 그치고 행동으로 옮기지 못한다.

자신감이란 말의 의미는 '어떠한 것을 할 수 있다거나, 경기에서 이기거나 잘할 수 있다는 것에 대한 자신의 느낌'이다. 나를 실제로 만나 본 사람들은 나에게 자신감이 넘쳐 보인다고 한다. 나는 그런 이야기를 들을 때 처음엔 의아하기도 했다. 그냥 이야기한 것뿐인데 나를 당당하고 솔직한 사람이라고 평하는 것이 신기하기도 했지만, 기분이 나쁘진 않았다. 그리고 왜 그런가 곰곰이 생각해 보았다. 그러다가 얼마 전 MVP 테스트 강의를 하면서 그 이유를 깨닫게 되었다.

내가 생각하는 나의 가장 큰 강점은 0.1초 실행력이다. 내가 하고자 하는 목표를 위한 아이디어라면 바로 시도해 보고, 그것에 대한 결과라는 경험을 토대로 더 나은 방향으로 결정했다. 실패라고 생각되었던 순간도 있었지만 지나고 보니 실패 또한 경험이었고, 지금의 나를 있게 하는 성장의 밑거름이 되었다.

내 삶 자체를 하나의 사업이라고 생각했을 때, 나는 그동안 성공적인 내 삶을 위한 무수히 많은 가설을 세우고 수많은 MVP 테스트를 거치고 있었다. 성공 확률을 높이기 위해 많은 최소 기능 도전들로 어떤 삶이 더 성공적인 삶으로 가는 것인지에 대한 데이터를 지속해서 쌓아가고 있었다. 다시 말해서 성공적인 데이터가 많이 쌓이면 쌓일수록 삶에 대한 성공 확률은 높아진다. 증빙할 수 있는 데이터가 많다는 것은 그만큼 성공에 대한 자신감도 축적된다는 것이다.

많은 석학들이 다양한 삶의 방식에 관해 이야기하지만 그들이 공통으로 하는 이야기는 '자신의 삶을 주체적으로 살라'는 것이다. 제각기 다른 얼굴, 다른 이름으로 누구 하나 똑같은 삶을 사는 사람은 없다. 그렇지만 '자신의 삶을 살라'는 말을 실천하기 위한 방법도 모르고, 자신도 없는 경우가 많다. 그래서 우리는 자신이 삶의 주인이 되어 살아가는 방법을 알아내기 위해 책을 읽기도 하고, 유명한 사람들의 강연을 들으러 다니기도 한다.

책을 읽거나 강연을 듣고 나면 한동안은 고양된 감정과 설렘에 나도 뭔가 내 삶을 주체적으로 살아갈 수 있을 것 같은 자신감이 생겨난다. 그래서 그들이 말한 대로 '미라클 모닝'도 해 보고, '100일 목표 쓰기'도 해 본다. 미래의 나를 상상해 보기도 한다. 며칠 동안 그렇게 해 보고 나면 기분이 어떤가? 당신이 당신 삶의 주인이 된 것같이 느껴지는가?

창업은 단순히 돈을 벌기 위한 사업체를 만드는 것, 그 이상의 활동이다. 스스로 창조한 아이디어를 세상에 태어나게 하고 그것이 움직일 수 있게 한다. 그리고 그 활동으로 자신의 삶과 생활을 꾸려 나갈 수 있게 만든다. 창업 활동 자체가 자신의 삶을 스스로 만들어 가는 행위, 즉 주체적인 삶을 살아가는 가장 창조적이고 능동적인 방법이라고 할 수 있다.

내 경우는 지난 수많은 창업의 도전에서 비롯된 실패와 성공의 경험들이 내 삶과 미래에 대한 자신감을 키워 줬다. 그래서 나는 살아온 지난날이 자랑스럽다.

나는 이 책을 통해 단순히 창업하는 방법만 말하려는 것이 아니다. 자신의 삶에 당당한 주인이 되는 법을 창업이라는 수단을 통해 가장 쉽게 도달할 수 있게 도와주고자 한다. 이 책을 읽고 나서 당신의 마음이 두근거리고, 도전하고 싶은 의욕이 생기길 바란다.

당신도 당신 삶의 주인공이 될 수 있다. 이제는 누구의 엄마, 누구의 아내로서가 아닌 진짜 당신, 자신의 삶을 주체적으로 살아가도록 하자.

1-2 도전하는 엄마들의 이야기

나는 2023년 초부터 '도전하는 엄마들의 이야기 / 워크맘(Work Mom, @workmoms)'이라는 유튜브 채널을 운영하고 있다. 3월부터 시작해 이 글을 쓰는 현재 9월의 시점까지 약 30여 명의 '워크맘'들을 만나 보았다. 그들에게는 공통점이 있었다.

그녀들 대부분은 결혼과 출산이라는 큰 삶의 변곡점에서 자신들의 정체성과 존재에 대해 흔들리는 시간을 겪었다. 서로 다른 가치관과 환경에 살고 있던 두 남녀가 만나 한 공간에서 갑자기 계속 함께 지낸다는 것 자체가 우리 삶의 방식에 커다란 변화를 가져오는 사건일 것이다.

게다가 출산이라는 것은 세상에 없던 생명체를 세상 밖으로 내놓는 숭고한 일이기도 하지만 동시에 내가 만든 존재에 대해 무한한 책임이 생기는 일이다. 게다가 임신과 출산을 겪는 엄마들은 호르몬 변화로 인한 심경의 변화, 외모의 변화를 직접 겪어야 하는 출산의 주체자이기도 하다. 처녀 때와 너무나 달라진 환경과 현실이 엄마들의 목을 조이기도 한다. 내 말을 듣지 않는 아이, 기대만큼 가사나 육아 분담에 동참하지 않는 남편들을 보면서 이상과 현실에 대한 괴리를 느끼는 시점이다.

특히 둘째를 출산하고 나면 주변에 육아 도움을 받기 부담스러워하면서 부부 둘 중 하나가 육아를 전담할 수밖에 없는 상황에 놓인다. 그때 육아를 전담하게 되는 당사자는 대부분 엄마일 확률이 높다. 24시간 말도 통하지 않는 아이들과 함께 하다 보면 세상과 격리되는 듯한 느낌을 받는다. 세상의 기준이 아이가 되면서 자신의 존재는 서서히 작아지고, 어느 순간 자기 존재가 부정되는 순간이 찾아오기도 한다. 그리고 그녀들은 자신을 잃어버린 괴로움에서 벗어나려는 방법을 찾아 나서기 시작한다.

음악 치료사가 된 한 워크맘은 아이와 함께 도서관을 찾기 시작했다고 한다. 삶의 이유를 찾기 위해 닥치는 대로 책을 읽고 또 읽었다. 처음에는 어떤 책을 읽을지 몰라서 육아서를 읽기 시작했다. 읽다 보니 궁금한 점이 생겨 관련된 책들을 찾아 읽기 시작했고, 점점 읽는 책의 분야가 다양해졌다. 그러면서 어느 순간 책 안에서 자신의 삶을 보고, 울고 웃으며 스스로 치유하는 방법을 터득하기 시작했다고 한다.

타로 세러피스트가 된 워크맘은 남편과의 불화, 친정 엄마의 병간호에 대한 스트레스를 풀기 위해 찾았던 타로 심리 상담을 통해 너무나 치유되는 경험을 하였다고 했다. 그리고 타로를 공부하기 시작하면서 자신의 마음을 스스로 돌볼 방법을 터득했다. 그로 인해 삶의 가치관이 변화되었고 현재는 타로 마스터로서의 자신의 삶을 만들어 가고 있다.

이렇듯 도전하는 엄마들은 고통에서 벗어나고자 하는 욕구가 있고,

그 고통을 치유하는 과정에서 자신만의 마음 돌봄을 통해 스스로 기회를 창출해 나가고 있었다.

대부분의 엄마들 목표는 그리 높은 곳에 있지 않았다.

"나 자신을 찾고 싶어서요."

"우울증을 극복하려고 이것저것 하다, 좋아하는 걸 찾으려고요."

"남편 눈치 보지 않고 아이들 학원비라도 벌어 보고 싶어서요."

"아이들에게 멋진 엄마로 기억되고 싶어서요."

이처럼 거창하지 않지만, 절실한 이유로 창업이라는 길을 선택했고, 그들의 삶을 스스로 개척해 나가고 있었다.

내가 사업과 일에 치여 번아웃에 빠졌을 때 나를 일으켜 준 분들이 바로 엄마 창업가들이었다. 그들과 있으면 새로운 에너지를 얻는 듯한 느낌을 받았다. 그들의 창업을 향한 열정을 보고 있노라면 나 또한 초기 창업가 시절의 열정만으로 꽉 찼던 그 시절이 떠오른다. 그래서 더 많은 엄마 창업가들을 만나 보고 싶었다. 창업이라는 거창한 타이틀이 아니더라도 현실의 어려움을 딛고 자신만의 도전을 하는 엄마들의 이야기를 담아 보자고 생각했다. 그래서 '엄마 창업가 인터뷰'라는 도전을 하게 되었다. 그리고 그 도전은 내게 옳은 선택이었다.

워크맘들을 인터뷰하는 일은 나에게도 힐링이 되는 시간이다. 물론 그녀들이 있는 곳으로 내가 찾아가기 때문에 시간과 비용이 많이 할애되기도 한다. 사전 인터뷰 질문지를 드리고는 있지만, 그 또한 형식적이다. 인터뷰 시간에 구애받지 않고 워크맘들이 하고 싶어 하는 이야기를 대부분 다 들어 드리고 있다. 대부분 한 시간 반 정도면 끝나긴 하지만 어떤 경우에는 2~3시간 넘게 이야기를 듣는 경우도 있다.

그들의 이야기는 대부분 자신의 삶에 역경을 극복해 내고 도전을 성취해 온 과정이다. 그래서 매우 긍정적인 내용이다. 그 삶의 도전 속에서 저마다 자신들이 스스로 깨우친 삶의 의미와 시선을 가지고 자신만의 길을 만들어 가고 있었다. 이야기하는 동안 그녀들의 눈동자는 빛이 나고, 자신감이 뿜어져 나온다. 그래서인지 새로운 워크맘을 만나러 가는 길은 항상 설레고 즐겁다. 오늘은 또 어떤 이야기를 듣게 될지 기대하는 마음으로 약속 장소를 찾아간다. 다섯 번의 창업, 산전수전을 다 겪었다고 생각하는 나도 항상 배우게 되는 워크맘들의 이야기이다.

이 이야기들은 먼 곳에 있는 이야기들이 아니다. 옆집 사는 엄마의 이야기일 수도 있고, 내 친구의 이야기 또는 아이들 친구 엄마의 이야기일 수도 있다. 그리고 이제는 당신의 이야기가 될 차례이다.

철학자 니체는 "산다는 것은 고통받는 것이고, 살아남는다는 것은 고통 속에서 어떤 의미를 찾는 것이다."라는 말을 남겼다. 그는 고통을 통해 우리는 자신의 한계를 돌파하고, 자신의 가치를 찾고, 자신의 삶에 의미를 부여할 수 있다고 믿었다.

어떤 이는 고통에 직면하지 않은 자는 불행하다고도 했다. 고통이 없다는 것은 그만큼 삶에 도전하지 않았다는 것이고, 자신이 성장하기를 회피했다는 말이기 때문에 그런 이야기를 하지 않았나 생각해 본다.

엄마들이여, 지금 자신의 삶을 찾고 싶어 고통스럽다면 창업에 도전해 보자. 도전하는 자신을 사랑하자. 도전을 통해 더 큰 사람이 되어 있을 자신을 상상하자. 작은 성공의 기쁨을 누려 보자. 그리고 여러분의 도전 이야기를 들려주자. 나는 당신들의 이야기를 너무나 기다리고 있다.

02

나는 연쇄 창업자다

SERIAL START-UP

처음으로 돌아가 잘못된 구슬을
다시 꿰어 봐야겠다고 생각했다.

2-1 Welcome EJ, 나의 세계에 온 것을 환영해

"아빠! 코피가 안 멈춰."

그날도 아르바이트를 하러 가기 위해 아침 6시에 일어났다. 2004년 당시 아르바이트 시급은 시간당 2,700원. 그나마 명동에 있는 맥도날드에서는 시간당 3,500원을 받을 수 있었기에 나는 주 5일 아침 8시부터 1시까지 명동으로 출근했다. 40일째 출근하던 날이었다. 일어나자마자 흐르기 시작하던 코피는 20분이 넘도록 멈추지 않았다. 그도 그럴 것이 그동안 엄마가 주는 용돈만 받고 살다가 안 하던 일을 갑자기 하려니 몸에 탈이 났던 거다.

사실 절실하게 돈을 벌고 싶어 시작한 아르바이트는 아니었기에 그 길로 그만두었다. 그렇게 두 달이 안 되는 시간 동안 번 돈은 약 50만 원 남짓. 나에게 필요한 돈은 그 정도면 충분했다. 나는 그 돈으로 동대문 종합시장 뒷골목으로 가서 내 책상보다 큰 중고 공업용 재봉틀을 구매했다.

고등학생 때 나는 딱히 미래에 대한 고민이 없었다. 나는 친구가 미술 학원에 다니기 시작했다는 말에 얼떨결에 따라서 미술 학원에 다니기 시작했다. 그렇게 자연스레 나의 진로는 미대가 되었다. 늦었다면 늦은 나이인 고2 말부터 미대 입시를 준비한 것치고는 운이 좋게 한 번에 서울권 4년제 대학에도 합격했다.

나는 대학생이라는 신분이 좋았다. 들쭉날쭉한 대학교 수업 시간표 덕에 엄마의 눈치를 보지 않아도 되었다. 심지어 엄마는 나의 등교 여부를 궁금해하지도 않았다. 공부도 그다지 열심히 하지 않았다. 그렇게 얼떨결에 입학한 대학이라는 곳에서 공부에 대한 압박도 없고, 취업에 대한 압박도 당장은 없는 이 시기에 무언가 대학생 때만 할 수 있는 나의 일을 도전해 보고 싶다는 생각이 들었다. 그래서 휴학을 했다.

그래도 내가 미대 입시에 성공한 것이 그냥 우연만은 아닌 것이, 나는 어릴 때부터 옷을 좋아했다. 마론 인형 옷을 많이 사고 싶어서 엄마 몰래 인형 옷을 사고는 숨겨 놓기도 했었다. 인형 옷이 부족하다 싶을 때는 양말이나 엄마 스타킹을 활용해 직접 만들어 입히기도 했었다. 그래서인지 휴학을 하고 처음으로 한 것이 복장 학원에 가서 옷 만드는 법과 재봉틀 다루는 법을 배운 것이었다.

그리고 동대문에 있는 소규모 일본 의류 수출 회사에서 아르바이트 디자이너로 실무 경험도 짧게 익혔다. 옷을 만드는 것은 생각보다 꽤 품이 많이 드는 작업이다. 그래서 나는 사업 아이템을 물건만 넣을 수 있으면 들고 다닐 수 있는 가방으로 정했다. 직접 디자인하고 디자인에 맞는 원단을 사다 패턴을 그리고 가방을 만들기 시작했다.

'나의 세계에 온 사람들을 환영해'라는 뜻을 담은 브랜드 Welcome EJ(내 이름 '은정'의 이니셜)라고 이름도 멋지게 만들었다. 이제 준비는 다 된 것 같았다. 그리고 일주일 동안 열심히 만든 가방 7개를 가지고 매주 토요일마다 열리던 홍대 앞 놀이터 플리마켓(flea market, 벼룩시장)에 나가 판매를 시작했다.

당시 플리마켓에서 판매되던 가방은 대부분 상아색 광목에 아크릴 물감으로 캐릭터나 일러스트를 그린 가방이 주로 판매되고 있었다. 그런데 내가 만든 가방은 가방 자체가 색다르게 디자인된 그야말로 진짜 디자인 가방 브랜드였다. 월, 화, 수, 목, 금, 매일 해가 들지 않는 지하 작업실에 틀어박혀 하루에 두세 개의 가방을 만들었고, 매주 토요일이면 완성된 10개 가량의 신상품 가방을 들고 마켓에 나갔다.

내가 파는 가방 중 같은 디자인의 가방은 거의 없었다. 사람들이 나의 가방을 사기 시작했고, 다음 주에는 친구를 데려오기도 했다. 예쁘다고 칭찬하고 주변 사

당시 플리마켓에 직접 만들어 판매했던 디자인 가방들

람에게 선물하겠다며 2개씩 사기도 했다. 내가 만들었지만 썩 맘에 들지 않아 팔 수 있을지 의심하며 들고 나간 가방도 몇 주 계속 가지고 나가다 보면 누군가가 예쁘다며 샀다. 어느 날은 영화제에 기념품 가방 제작이 필요한데, 내가 만든 디자인의 가방으로 하고 싶다며 나에게 100개의 가방을 주문하기도 했다. 힘든 것도 잊고 혼자 100개의 가방을 다 만들었던 기억도 있다. 정말 신이 났다.

오르막 언덕 끝에 있는 홍대 앞 놀이터에 여행용 가방을 무겁게 끌고 올라가면서 시작한 가방 장사는 가볍게 달각거리는 두어 개 가방만 흔들리는 소리로 언덕을 내려가며 끝이 나곤 했다. 토요일 저녁이면 집에서 현금 세는 재미도 쏠쏠했다. 적게는 10만 원 내외, 많게는 20만 원 정도 매출을 올렸다. 그렇게 번 돈은 다시 다음 주 가방을 만들 재료비로 고스란히 사용되었다.

사실 이때의 매출은 매출이라 할 것도 없었다. 원가의 개념도 없었고, 이윤이란 것도 몰랐다. 만들고 싶은 가방을 만들었고, 그 가방을 다

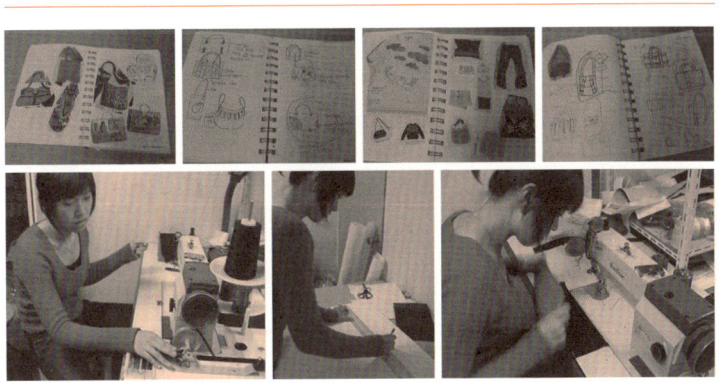

당시 작업한 가방들과 디자인 수첩. 일일이 손으로 꽃을 만들어 붙이거나, 원단 조각들을 이어 새로운 원단을 만들어 제작하는 등 다양한 시도를 많이 했었다.

른 사람들이 좋아하며 기꺼이 돈을 지불하고 사 가는 행위 자체가 너무 좋았다.

내 가방을 사 가는 사람들의 표정을 보면 다들 웃고 있었다. 나의 가방 만드는 실력에 감탄하는 사람들도 있었다. 이런 표정들을 보는 것 자체가 행복했다. 내가 스스로 결정해서 실행한 일이 부모님이나 친구들이 아닌 사람들에게 인정받는 순간이었고, 지금도 이때가 가장 나에게 행복한 기억으로 남아 있다. 그리고 그때부터 결심했다.

"언젠가는 내 이름을 건 회사를 만들고 말 거야."

2-2 안녕하세요, 치치그린 님

'가방으로 과연 지구를 살릴 수 있을까?'

2010년의 나는 그런 생각을 해 봤다. 지금의 남편에게는 미안한 이야기지만 20대를 생각하면 잊을 수 없는 한 사람이 있다. 첫사랑이다. 내가 스물한 살 되던 해에 만남이 시작되었고, 스물아홉 살 되던 해에 끝났다. 연인들이 헤어지는 이유는 다 비슷할 것이다. 우리가 헤어진 이유도 여느 연인들과 크게 다르지 않았다.

이유야 어찌 되었든 헤어진다는 것은 너무나도 슬픈 일이 아닐 수 없다. 나도 그랬다. 특히나 20대의 전부를 함께 했던 한 사람이 이제 더는 나에게 아무런 존재가 아니라는 사실을 받아들이기가 너무 힘들었다.

29년을 살면서 느껴보지 못한 다양한 부정적인 감정들을 처음 겪게 되었다. 이별의 고통에서 벗어나고 싶었다. 다시 행복해지고 싶어서 그동안 내가 느꼈던 가장 행복했던 순간을 다시 떠올려 봤다. 대학교 시절

때 플리마켓에서 가방을 만들어 팔았던 그때가 떠올랐다. 다시 가방을 만들어 봐야겠다 다짐했다. 그리고 눈에 들어온 것은 너무 튀는 색이라 사놓고 몇 년간 입지 않았던 형광 노란색의 재킷이었다.

'업사이클링(upcycling) 디자인'이란 말이 있다. 재활용을 의미하는 리사이클링(recycling)과 업그레이드(upgrade)라는 단어가 만나서 폐기물을 더 높은 가치로 재탄생시키는 디자인 작업을 뜻한다. 가장 대표적인 브랜드로 낡은 트럭 덮개를 재활용하여 가방을 만드는 스위스의 프라이탁(FREITAG)이 있다.

나는 헌 옷을 업사이클링하여 가방을 만들었다. 사실 그때는 '업사이클링'이라는 단어도 몰랐다. 원단을 사야 했는데 돈을 아끼고 싶었고, 당장 눈에 보이는 원단 비슷한 것이 내가 안 입는 오래된 옷이었을 뿐이다.

소매와 목단을 잘라내고 잘라낸 부위들을 이어서 가방을 만들었다. 헌 옷을 뜯어서 가방이라는 새로운 작품으로 재탄생시키는 작업은 대학 시절 원단을 사서 가방을 만드는 작업과는 또 다른 재미와 성취를 가져다 주었다. 그래서 그 과정을 블로그에 사진으로 찍어 올렸다. '치치그린(Chichigreen)'이라는 닉네임도 만들었다. '장식이 복잡한, 멋 부린'이란 뜻을 가진 영어 치치(chichi)라는 말과 환경을 의미하는 그린(green)이라는 단어를 이어붙인 거다.

내가 만든 가방이었지만 멋졌고 뿌듯했다. 많은 사람에게 보여 주고 싶다는 생각을 했다. 그때 당시 인터넷 포털 네이버에는 '파워 블로거'라는 제도가 있어서, 네이버에서 직접 운영하는 카페에 내 포스팅을 홍보할 수도 있었다. 매일 가방을 만들었고, 그 과정을 사진으로 찍어 블로그에 올리고 네이버 관리자 카페에 홍보했다. 얼마 지나지 않아 내가 홍보한 게시글에 댓글 하나가 달리게 되었다.

"축하드립니다. 치치그린 님의 포스팅이 3영업일 후에 네이버 메인에 게시될 예정입니다."

정확히 3일 후 네이버 홈페이지 메인 화면에 내가 쓴 블로그 게시글과 내 가방 사진이 걸리게 되었고, 그로부터 몇 번 더 내 글이 네이버 홈에 홍보되는 운 좋은 경험을 하게 되었다. 하루에 방문객이 10명 내외였던 내 블로그에 갑자기 몇천 명씩 드나들게 되며 나는 유명 블로거가 되었다. 그 후 나의 주 업무는 매일 블로그를 관리하는 일이 되었다.

나의 헌 옷은 이미 다 가방으로 만들어 버려서 가방 만들 재료가 부족해졌다. 동묘시장에서 한 장에 1,000원씩 하는 중고 의류를 사다가 가방을 계속 만들었다. 계속 새로운 가방을 만들다 보니 쌓여가는 가방이 너무 많아졌고, 또다시 플리마켓에 나가 판매했다. 사람들이 내가 만든 업사이클링 작품과 나의 재봉 실력을 보고 감탄과 칭찬을 보내 주었다. 너무 재미있었다. 나의 글을 보면 바로 댓글을 달아 주는 팬도 생겼

당시 헌 옷으로 만든 가방들, 소매를 이용한 장식, 헌 옷실로 뜨개질하여 만든 장식 등 실험적인 디자인을 많이 시도했었다.

다. 새로운 희망이 생겼다. 그렇게 바쁘게 지내다 보니 이별의 고통은 어느새 사라져 버렸다.

그렇게 약 1년여간 블로그에 미쳐 살았던 것 같다. 처음에는 단순히 내가 만든 가방을 자랑하고 싶어 시작한 일이었다. 그런데 어느새 매일매일 포스팅을 올리지 않으면 잠이 오지 않았다. 새벽에도 몇 번씩 오늘의 방문자 수를 확인하기 위해 자다가 깨서 확인했다.

그리고 무엇보다 업사이클링 가방을 통해서 지구를 구해 보겠다고 했는데 내 방 한쪽에는 가방을 만들고 쓰이지 못한 헌 옷 쪼가리들이 계속 쌓여 가고 있었다. 어쩐지 버리면 안 될 것 같아서 마대 자루를 주워다가 천 쪼가리들을 모아 담았다. 이 천 쪼가리들을 넣은 쿠션을 만들기도 하고, 우유 상자와 헌 옷 쪼가리를 이용한 소파도 만들어 보았다. 그래도 넘쳐나는 헌 옷 쪼가리들은 줄어들지 않았다. 회의감이 들기 시작했다.

'내가 가방을 만든다고 잘라내지 않았다면 누군가가 입어서 계속 쓰임을 다할 수 있었을 텐데, 이게 과연 지구를 위한 일이 맞는 것일까? 나는 결국 업사이클링이라는 명분으로 희석된 예쁜 쓰레기들을 다시 만들어 내고 있었던 것이 아닐까?'

이런 방식의 가방 만들기로는 지구를 살리기 어려울 것 같았다. 업사이클링의 인식도 거의 없었던 당시에는 헌 옷으로 만든 가방은 판매 상품이 아닌 작품에 불과했다. 이를 사업으로 연결해 일반 회사원의 월급만큼의 수익을 얻을 수 있으리라는 자신도 없었다. 점차 블로그의 노예가 되어 가는 것 같은 기분도 힘들었다. 그렇게 나의 두 번째 창업도 끝이 나버렸다.

2-3 창업이라는 꺼지지 않는 마음의 불꽃

지구를 살리는 가방을 사업으로 연결하는 첫 번째 도전은 실패로 끝나고 말았지만 사실 '가방으로 지구를 살린다'는 명분은 참 매력적인 아이디어였다.

가방을 만들고 예쁘다고 칭찬을 받고 돈을 받고 판매로 이어지게 하는 것도 매우 보람된 일이었지만, 그것을 넘어 지구까지 살릴 수 있다니! 그리고 2010년도 당시에는 친환경 시장이 지금에 비해 훨씬 크기가 작은 시장이었지만, 당시에 난 앞으로 친환경이 매우 중요한 가치가 될 것이라는 생각이 들었다. 아예 제대로 배워서 본격적으로 사업에 적용해 봐야겠다는 생각이 들었다. 찾아보니 국민대학교 디자인대학원에 '그린 디자인'이라는 전공이 있다는 것을 알게 되었고, 진학을 결정했다. 동시에 생업을 위해 다시 회사에도 복직했다.

나는 2007년도에 아웃도어 등산 브랜드 용품 디자이너로 첫 취업을 하였다. 요즘같이 창업이 매우 보편적인 하나의 진로로 여겨지는 시대였다면 대학생 때 만들었던 'welcome EJ'를 바로 사업으로 연결했을지도 모르겠다. 하지만 내가 졸업하던 2007년도에는 졸업하면 당연히 회사에 취업하는 분위기였다. 벤처기업이 떠오르던 당시에도 창업은 회사에서 몇 년간 경험을 쌓은 사람 중 일부, 아주 출중한 사람들만 하는 것이라고 여기던 때였다. 그래서 나도 당연히 취업을 준비했다.

그때도 지금과 같이 취업이 쉽지 않아 한동안 인턴 디자이너로 일하면서 취업을 준비했다. 그러던 중 나를 좋게 평가한 한 회사 선임이 유명 등산복 브랜드 회사 면접을 제안해 주었다. 지금도 마찬가지이지만, 당시에도 운동은 물론이고 등산은 더욱 싫어하던 나였기에 아무리 유명 브랜드였어도 내가 알고 있을 리 만무했다. 하지만 일단 추천해 주었기에 면접을 보러 가게 되었다. 당시 면접관이었던 상무님은 나에게 "왜 우리 회사에 지원하게 되었냐?"고 질문했다. 잠깐 망설였다. 왜냐하면 특별한 이유가 없었기 때문이다. (그렇다고 '그냥 돈을 벌어야 해서.'라고 대답할 수는 없지 않은가!) 그래서 갑자기 떠오른 생각이 "나는 가방 만드는 것을 좋아하는데 여기에 오면 등산 가방을 비롯하여 다양한 가방을 디자인해 볼 수 있다고 생각이 들어 지원하게 되었다."라고 에둘러 대답했다.

"가방을 만들고 싶단 말이지?"

상무님의 손이 내 이력서 위에 조그맣게 동그라미를 치는 것이 보였다. 용품 디자이너 포지션에 빈자리가 있었던 것 같았다. 그리고 최종 면접을 거쳐 나는 등산복 브랜드의 용품 디자이너로 취업하게 되었다.

"너, 왜 거기 가 있니?"

나를 소개해 주었던 예전 회사의 선임이 내게 물었다. 나를 추천한 부서는 용품 디자인 부서가 아니라 의류 디자인 부서였기 때문이다.

혹시 히말라야나 에베레스트 같은 엄청난 산에 등반하는 전문 등반가들의 모습을 본 적이 있는가? 영하 40도까지도 견딜 수 있는 고기능성의 등산복은 물론이고 커다란 배낭이며 모자, 장갑, 스패츠(spats, 무릎·발 덮개), 스틱, 선글라스, 아이젠 등 수도 없이 다양한 장비들을 주렁주렁 걸치고 있는 모습일 것이다. 등산용품 브랜드의 용품 디자이너는 바로 그런 등산 장비들을 디자인하고 각 장비를 생산하는 전문 외주 업체들과 협업하여 제품을 만들어 내는 일을 한다.

신입 시절에는 해가 떠 있는 시간에 퇴근해 본 기억이 거의 없었다. 주말에는 등산 학교에 가야 했고, 회사 내부 등산 대회나 암벽 등반 대회에도 참관하러 가야 했다. 등산도 좋아하지 않았던 내가 이런 것들을 디자인하고 다루는 일을 하다 보니 너무 힘들었다. 그리고 무엇보다 내가 원하던 내 이름을 건 가방 브랜드를 만드는 일과는 더 멀어져 가는 듯한 느낌이 들었다. 결국 1년 정도 지나 회사를 그만두게 되었다. 내가 하고 싶어 했던 일이 아닌 것 같았다.

회사를 그만두고 나는 내 이름을 건 가방 브랜드 만드는 일을 더 적극적으로 해 보고 싶었다. 그래서 유학을 가서 가방을 제대로 공부해 보겠다고 결심했다. 영국에 있는 LCF(London College of Fashion)라는 학교를 선정하고 면접도 봤다. 그동안 내가 만들었던 가방을 보여줬다.

"There's no reason why you shouldn't come to our school! (니가 우리 학교에 들어오지 않을 이유가 없어!)"

그렇게 환영의 인사를 받으며 면접을 쉽게 통과했다. 영국으로 가기 전 영어 시험도 준비하며 유학 갈 날을 손꼽아 기다리고 있었다. 만약 그렇게 영국으로 갈 수 있었다면 지금의 나는 어떻게 되었을까?

　결론부터 말하자면 유학을 가지 못하게 되었다. 당시 미국발 금융 위기가 발생했고 환율이 1,800원까지 치솟았다. 영국의 살인적인 물가와 학비를 그런 환율로 다 감당하며 지낼 자신이 없었다. 그래서 선택한 차선책은 미국에 있는 가방 디자인 회사에 취업하는 것이었다. (당시 미국에는 한국계 패션 회사가 많이 존재했고, 한국에서 사람을 뽑는 일이 종종 있었다.) 1년 정도 미국 LA 지역에서 남미로 수출하는 가방 디자인 회사에서 디자이너로 일하게 되었다.

　미국에서 일하며 느낀 것은 문화마다 나라마다 사람의 취향은 정말 다르다는 것이었다. 우리나라에서 인기가 많을 것 같은 단정하고 심플한 디자인을 남미 사람들은 쳐다도 보지 않았다. 대신 우리나라 사람들이 선호하지 않는 화려한 패턴의 반짝반짝하고 커다란 금속 장식이 있는 가방을 남미 사람들은 비싸 보이는 가방이라며 매우 좋아했다.

　저녁이 있는 삶, 따뜻한 날씨, 우리나라에서는 보기 힘든 압도적인 대자연 풍경 등 장점이 많은 미국 생활이었지만 계약 기간이 끝나갈 무렵 나는 다시 한국으로 돌아가는 것을 선택했다. 낯선 문화, 한시도 긴장을 놓을 수 없는 미국에서의 생활에 지쳐가고 있었고, 보고 싶은 가족과 친구들이 있는 한국에서의 삶으로 돌아가고 싶었다. 그리고 무엇보다도 20대를 함께 했던 남자 친구와의 이별이 다가오고 있음을 깨닫게 되어 더는 미국에 있고 싶지 않았다. 나는 한국으로 돌아왔고 그와 이별을 하게 되었다. 이별은 고통스러웠고, 나는 이별의 고통에서 헤어나고 싶었다. 그렇게 나의 지구를 살리는 가방 이야기는 시작되었다.

다시 회사에 복직하고 싶다고 결정했을 때 운이 좋게도 처음 회사에 소개해 주었던 전 회사 선임이 이 회사의 이사로 오게 되었고, 그분은 나를 다시 불렀다. 처음 다녔을 때와는 다르게 이번에는 내가 선택했던 결정인 만큼 정말 오래 다녀야겠다 생각했다. 적어도 과장 정도 승진하기 전까지는 절대 그만두지 말아야겠다는 결심으로 재입사를 했었다. 내 마음속 '내 이름을 건 창업'이라는 불꽃은 꺼지지 않았다는 것을 깨닫지 못한 채 말이다.

2-4 '세 번째 창업'이라고 믿었던 것

　　　대학원에 가게 되면 입학하는 순간부터 논문에 관해 이야기를 하게 된다. 대학원이란 곳에 가기 전까지 나와 논문이란 것은 내 인생과 전혀 관련이 없는 남의 일이라 생각했다. 그런데 첫 학기부터 논문이라니! 사실 나는 글을 제대로 써 본 적도 없었고, 상상 속의 논문이란 것은 엄청나게 똑똑한 사람들이 쓰는 연구 결과라는 생각이 들어 '에잇 모르겠다! 논문 못 쓰면 수료나 하고 말지'라는 생각이었다. 그래도 어딘가 한편에는 '그래도 써야 하는 것 아니야?' 하는 생각이 항상 자리 잡고 있었다. 대학원을 다니는 내내 선배든 후배든 만나면 빠지지 않고 물어보는 것이 "너 논문 썼니? 주제 정했니? 논문 쓸 거니?"였다.

　그러다가 어느 날 우리 대학원을 졸업한 선배가 하는 강의를 듣게 되었다. 교수님이지만 선배이기도 했기 때문에 우리는 또 어김없이 "선배님은 어떻게 논문 쓰셨어요?"라고 질문했고, 선배는 이렇게 답을 했다.

"논문을 안 써도 되지만, 안 쓰면 끝을 맺지 않은 셈이죠. 그래서 논문을 안 썼다는 사실이 앞으로 여러분의 발목을 잡을 수 있어요. 그러니 논문은 꼭 쓰는 게 좋을 거예요."

논문 주제를 고민하던 어느 날이었다. 나는 회사에서 등산용품 디자인을 하고 있었기 때문에 매일같이 등산 가방을 보고 있다가 갑자기 떠오른 생각이 '왜 등산 가방은 재활용이 안 되지? 아! 다양한 플라스틱 소재가 섞여 있어 재활용이 어렵구나. 그럼 재활용하기 쉬운 한 가지 소재의 플라스틱으로 구성된 가방을 만들어 보면 어떨까?'

생각해 보니 너무 좋은 아이디어 같았다. 논문도 논문이지만 이렇게 단일 소재로 된 가방을 만들어 사업으로 연결하면 대박이 날 것 같은 아이템으로 보이기도 했다. 그리고 그날부터 회사에 다니는 틈틈이 단일 소재 가방을 만들기 위한 작업을 시작했다.

단일 소재 가방을 만들기 위해서 가장 먼저 해결해야 할 부분이 지퍼라는 생각이 들었다. 지퍼라면 가장 중요한 기능성이 여닫는 기능, 물건이 빠지지 않도록 입구를 막아 주는 기능이다. 아주 단순하게 한 가지 플라스틱으로 제작할 수 있는 아이디어를 밤낮으로 고민했다. 그러다가 일회용 지퍼백에서 아이디어를 찾았다. 단순하면서 한 가지 소재로 되어 있고 여닫기 편하며 내용물이 쏟아지지 않는 구조가 완벽했다.

사비를 털어서 지퍼백을 만드는 공장을 찾아가서 가방에 맞도록 크고 단단하게 PVC 지퍼를 제작했다. 플라스틱의 제형과 크기, 여닫는 기능에서 필요한 미세한 힘의 차이 등을 고려하여 몇 번씩 금형을 고쳐 가방에 맞는 PVC 지퍼를 제작하였다. 그리고 만들어 낸 PVC 지퍼를 이용하여 회사에서 거래 중인 가방 제조 협력 공장에 몇 가지 재고 원단을 기증받아 아주 소량의 클러치 가방을 만들었다. 그렇게 만들어진 클러치 가방으로 두 가지 사이즈와 아홉 가지 컬러로 구성해서 당시 아주 유명했던 편집숍에 입점 제안을 넣어 봤다.

'안 돼도 어쩔 수 없지만 한번 도전해 보는 거지.' 하는 마음이었다. 디자인도 한 종류이고 구성도 부족해서 떨어질 것 같았다. 하지만 제안의 결과는 국내 매장 5곳, 홍콩 2개 매장에 입점을 시켜 보자는 답변으로 돌아왔다. 믿어지지 않는 결과였다.

입점 승낙에 힘입어 이번에는 시장에서 구매한 원단으로 신상품도 제작했다. 이번에도 주말마다 음악 페스티벌 한편에 열리는 플리마켓에 나가 판매했다. 2만 원짜리 클러치가 하루에 20~25개씩 팔렸다. 주말마다 40~50만 원씩 매출이 발생했고, 입점된 편집숍에서도 기대 이상의 매출을 올리고 있었다. 논문을 완료하는 것이 좋을 것 같다는 선배의 말은 잊힌 지 오래였다. 나는 회사를 나가면서도 바로 사업으로 대박이 날 것 같은 기대감으로 부풀어 있었다.

2015년 5월 31일, 나는 회사원으로서의 마지막 근무를 하고 퇴사를 하게 되었다. 그리고 그날은 2015년 6월 1일부터 한 달간 메르스라는 감염병 사태로 인해 외부에서 일어나는 모든 행사가 금지되기 하루 전날이었다. 본격적인 창업이라는 거대한 도전 앞에서 나는 곧 메르스 사건으로 인해 벌어질 사건들을 전혀 예측하지 못했다. 퇴사 당일은 그저 내가 만든 가방 브랜드 대표로서의 새출발에 대한 설렘과 사업이 대박 날 것이라는 희망만으로 가득 찼던 하루였다. 나는 이날 지난 나의 10년 목표, '내 이름을 건 내 가방 브랜드를 만들기'를 달성한 것이나 다름없었다.

2-5 아이디어를 실현하는 것, 아이디어를 사업으로 만든다는 것

당시의 내가 철저하게 잘못 생각했던 것이 있었다. 어처구니없지만 사업이란 것이 정확히 어떤 일인 것인지 정말 하나도 모르고 있었다는 것이다.

나는 아이디어가 많은 사람이다. 어릴 때부터 새로운 것에 도전하는 것을 두려워하지 않는 성격 탓인지 새로운 아이디어를 생각해 내고 그것을 시도해 보는 것을 좋아했다. 게다가 그것을 어렵지 않게 판매해 본 경험까지 갖게 되었다. 그러다 보니 단순히 예쁜 것을 고객에게 판매하는 행동을 사업이라고 생각해 버렸던 것이다.

나는 내가 만든 PVC 지퍼 가방이 새롭고 획기적이라고 생각했다. 지금도 이렇게 잘 팔리는데 해외에 나가면 더 잘 팔릴 것이라는 근거 없는 자신감도 생겼다. 하지만 메르스라는 위기는 내가 기대하고 예상했던 모든 계획을 비껴가게 했다.

퇴사 이전엔 주말에만 20~30개씩 판매되던 클러치가 메르스가 유행하고 난 뒤에는 하루에 2~3개 파는 것도 힘들었다. 회사를 나와 창업하면 대박이 날 거라며 호기롭게 받았던 중소기업진흥공단의 청년 창업 대출 5천만 원도 5개월 만에 바닥나 버렸다.

나는 지금도 창업 입문자 강연에 가면 잘 나가는 경쟁자 소식이 실린 기사에 현혹되지 말고 자신의 길을 가라는 말을 꼭 한다. 경쟁자들이 투자를 받거나 좋은 실적을 거두는 기사가 쏟아지고 승승장구하는 모습을 보면 왠지 내가 뒤처지는 듯 느낄 수 있다. 하지만 실제로는 그 경쟁업체의 대표자도 저녁에는 투자금을 구하러, 직원에게 줄 인건비를 마련하지 못해 애가 타고 있을지도 모른다. 내가 그랬다.

대외적으로는 신예 디자이너에 선정되고, 페어에 나가면 우리 부스에만 사람들이 바글바글했다. 그 누구도 내가 돈에 쪼들리고 힘들어 하고 있다는 것을 몰랐다. 설상가상으로 마지막 희망이었던 중국 브랜드와의 협업 기회도 우리나라와 중국의 사드 배치 분쟁으로 인해 결국 무산되었다. 정치적인 분쟁으로 중국이 우리나라 수출 제품에 엄청난 관세를 부과하기 시작했고, 그러다 보니 중국 내에서의 판매가를 책정하기 어려워져 중국 업체에서 부담을 느끼고 포기했던 것이다.

지금 와서 생각해 보면 그때 나는 정말 무식하고 무모했다. 나는 정말 사업이라는 것을 너무 단순하게 생각하고 있었다. 내가 실패할 수밖에 없었던 요인이 몇 가지가 있었다.

나는 일단 돈의 흐름에 대해서 너무나도 무지했다. 자본금이 무엇인지, 지분이 어떤 의미가 있는지도 몰랐다. 현금 흐름, 원가율, 마진율에 대해서도 꼼꼼하게 분석해 본 적이 없었다. 한 번은 우리 회사 브랜드의 이미지와 제품 디자인이 좋다며 투자를 하고 싶다는 전문 투자 회사에서 연락이 왔다. 우리 회사의 자료를 요청했다.

그때 당시 나는 투자가 무엇인지도 몰랐고 달라는 자료가 무엇인지도 전혀 몰랐다. 창업 일 년도 안 된 상황에 제출했던 재무제표가 좋은 구조일 리도 없었고, 내가 설정한 지분 구조 또한 말도 안 되는 구조였다. 그랬더니 그분이 자료가 이게 뭐냐며 나를 혼냈다. 그때는 그분이 너무 야속하게 느껴졌었다. 하지만 지금 그 자료를 본다면 자다가 이불을 찰 정도로 부끄러운 수준일 것이다. 그때는 정말 몰랐다.

두 번째 내가 실패할 수밖에 없는 요인은 전략과 계획이 없었다는 것이었다. 나는 단순히 내 이름을 건 가방 브랜드를 만드는 것에만 집중했고, 가방 브랜드를 만들고 난 이후에 대해서는 한 번도 생각해 보지 않았다. 여전히 '플리마켓 웰컴이제이'와 같은 사고방식을 가지고 사업이란 것을 전개하겠다고 하고 있었다. 가격에 대한 전략도 없고, 판매에 대한 전략도 없었다. 오로지 입점된 유통 업체에만 의존하다 보니 그들의 요구에 흔들릴 수밖에 없었다. 해외 진출을 하겠다고 생각했지만 정확한 계획이 없다 보니 해외 진출을 시켜 주겠다는 사람들의 말이나 단순한 지원 사업에 의존하게 되고, 그 결과에 따라 휘둘리는 상황도 발생했다.

마지막으로 가장 중요한 문제는 함께 일하는 사람들과의 관계였다. 돌이켜 생각해 보면 나는 스무 살이 될 때까지 외동으로 자랐고, 회사에 다니면서도 담당제로 거의 혼자 일하는 상황에 적응되었었다. 그런 나에게 갑자기 생긴 직원을 다루는 일은 너무 힘든 문제였다. 언니, 동생 같은 사적인 감정과 대표와 직원 사이의 공적인 감정의 균형을 조율

하는 문제가 나에게는 가장 큰 벽이었다.

　더군다나 나를 더 힘들게 했던 것은 이런 문제들을 누군가에게 털어놓고 상담을 받을 수도 없었다는 거다. 지원 사업에서 지정해 주는 멘토들의 말들은 내 상황에 와닿지 않는 공허한 소리같이 들렸다. 주변의 친구들은 대부분 회사원이었기 때문에 사업을 시작하자마자 그들과 나눌 수 있는 공감대도 사라져 버렸다. 그나마 있던 친구마저 연락이 끊기고 말았다. 나는 그렇게 내가 왜 잘못되어 가고 있는지도 모른 채 실패의 길로 들어서고 있었다.

　어느 날, 다음 달 이자를 낼 돈을 구할 수 없게 되었다는 것을 깨달았을 때 나는 내가 실패했다는 것을 인정할 수밖에 없었다.

2-6 실패는 끝이 아닌 일어설 기회

어디서부터 어떻게 잘못되었는지 알 수 없었다. 월급도 많이 주는 누구나 다 아는 회사를 그만둔 것도 나의 선택이었고, 호기롭게 대출을 받아서 사업을 시작하게 된 것도 나의 선택이었기 때문에 세상을 탓하거나 원망할 수도 없었다. 그래서 비난의 화살은 나 자신에게 향할 수밖에 없었다.

후회해도 이미 벌어진 일을 주워 담을 수는 없었다. 보증금에서 깎여 나가던 월세도 곧 바닥이 날 테고 통장에 남아 있는 돈은 2~30만 원이 전부였다. 당장 다음 주에 백화점 행사가 잡혀 있었지만 아무 희망도 없었다. 삶을 그만두고 싶다는 생각뿐이었다.

정확히 6일 동안인 것 같다. 첫 번째 날은 술을 진탕 마시고 필름이 끊겨 잠이 들었다. 다음 날 아침에 일어나 보니 침을 삼킬 때마다 미세한 통증이 느껴졌다. 화장실에 가서 거울을 보니 목에 희미한 빨간 선이 보였다. 어렴풋이 지난밤의 기억이 나는 듯했다. 술김에 죽으려고 했던 것 같다. 그 순간이 기억나자마자 갑자기 진짜 죽고 싶다는 생각이 나를 사로잡기 시작했다. 그래서 죽는 방법을 계속 찾기 시작했다. 6일 동안 거의 물만 마셨다. 어차피 죽을 거기 때문에 입맛도 느껴지지 않았다.

'나는 곧 죽을 것이다.'라고 생각하니 나의 비관적인 상황, 나를 향한 비난, 절망 같은 감정이 사라졌다. 오로지 죽는 방법에만 몰두하며 5일을 보냈다. 죽는 방법에도 참 다양한 방법이 있었다. 하지만 이상하게도 새로운 방법을 찾아내고 내가 실행하는 모습을 상상하다 보면 결국에는 '아프지 않을까?', '안 죽고 장애만 생기면 그건 더 최악인데?' 같은 죽지 못할 이유를 찾게 되었다.

6일째 되던 날 갑자기 극심한 허기가 들면서 내가 가장 좋아하는 김치찌개가 먹고 싶어졌다. 없는 돈을 털어 밥을 사 먹었다. 너무 맛있었다. 그래서 다시 살기로 결심했다.

그리고 다음 날 무슨 일이 있었냐는 듯이 예정되어 있던 백화점 판매 행사에 참여했다. 나는 첫사랑 남자 친구와 헤어진 후로 마음이 힘이 들면 스스로에게 질문을 하는 버릇이 생겼다. 행사에 가기 위해 탄 지하철 안에 앉아서 나는 나에게 질문을 던졌다.

'너는 무슨 일할 때 행복해? 너를 가장 즐겁게 할 수 있는 것이 뭐야?'

생각해 보니 나는 사실 내 이야기를 하는 것을 좋아한다. 언젠가 학교 후배가 나한테 말을 재밌게 잘한다고 했던 것도 생각이 났다.

'그럼 말하는 것을 직업으로 변경해 볼까?'

'그래! 언젠가는 나같이 힘들어 하는 사람들에게 나의 이야기로 힘이 되어 줄 거야! 성공한 사람 중에 실패해서 야반도주하거나 사글셋방으

로 전 가족이 이사 갔다는 그런 힘든 시절 이야기가 하나도 없는 사람은 없었어.'

이런 생각이 드는 순간 심장박동기의 그래프가 살아나듯이 내 인생의 그래프가 바닥에서 상승 곡선으로 변하는 것이 눈에 보이는 듯했다. 지금까지의 모든 좌절과 실패로 인한 미래의 두려움이 새로운 희망의 에너지로 변하는 것이 느껴졌다.

그날 새벽 나는 꿈을 꾸었다. 지금은 기억이 안 나지만 꽤 이름만 대면 알 만한 연예인 3명이 나와서 내 입가에 뽀뽀를 해 줬다. 마지막에는 손석희 아나운서가 나타나 나에게 카드를 주면서 맛있는 것을 사 먹으라고 했다. 입과 관련된 꿈, 말을 잘하기로 유명한 손석희 아나운서가 나온 꿈, 어쩐지 나에게 말을 잘해야 하는 강연가에 대한 새로운 직업을 계시해 준 것 같은 기분이 들었다. 좀 웃기기도 하지만, 나는 다시 살 이유를 찾게 되었다.

그리고 정확히 5년 뒤 나는 '여성 창업 전문가'로 다시 태어날 준비를 하고 있다.

2-7 다시 살기 위한 진짜 전략

　　　　　　다시 회사원으로 돌아가는 것은 실패를 인정하는 것만 같았다. 사실 남들이 다 아는 회사에 다닐 때는 내가 이렇게 아무것도 없는 사람인 줄 몰랐다. 전 국민이 이름만 들어도 다 아는 회사에 다니는 이야기를 하면 다들 부러워하는 눈빛을 보내고 그게 다 나를 인정하는 눈빛이라고 착각하고 있었던 것이었다.

　그러나 회사를 나와 맨몸으로 세상과 맞서 보니 나는 정말 아무것도 아닌 존재였다. 세상 모르는 망아지와 같이 들떠 있기만 했지, 회사를 뺀 내 이름 석 자로 인정받을 수 있는 곳은 어디에도 없었다. 이런 생각이 들자 회사라는 곳에 다시 돌아간다 해도 제대로 다니지 못할 것 같았다. 회사에 가서 내가 모셔야 할 사람들이 시시하게 보일 것 같은 냉소적인 생각도 들었다.

　'당신들도 여기 나가서 맨몸으로 부딪히면 결국 나랑 똑같을 거야.'

지금보다 더 바닥은 없을 거라는 생각도 들었다. 기왕 여기까지 왔으니 어떤 성과 하나라도 만들어야 스스로 나를 인정할 수 있을 것만 같았다.

시간이 필요했다. 지금 아등바등한다고 당장 나아질 수 있는 건 없었다. 다시 처음으로 돌아가 잘못된 구슬을 다시 꿰어 봐야겠다고 생각했다. 첫 번째 잘못된 구슬은 실패를 인정하고 주변 사람들에게 나의 상황을 알리는 것이었다. 엄마에게 알리고 다시 본가로 돌아가 최대한 나가는 비용을 줄였다. 두 번째 잘못된 구슬은 쓰다만 논문을 마저 마무리하는 것이었다. 다시 선배의 말이 떠올랐다. 논문을 안 쓰면 끝을 맺지 않은 셈이라 그 사실이 우리의 나아가는 길에 발목을 잡을 것이라는 그 말.

논문을 쓰던 도중에 시작한 사업이었기 때문에 항상 마음속엔 논문을 쓰지 않았다는 찝찝한 감정이 자리 잡고 있었다. '써야 하는데, 써야 하는데….'만 반복했었던 것은 논문에 대한 두려움이 있었기 때문인지도 모르겠다. 논문을 쓰기로 결심했다. 찝찝한 감정들을 정리해야만 앞으로 나아갈 수 있을 것이란 강한 의지가 생겼다. 그렇게 몇 년을 미뤄두었던 논문을 3개월 만에 완성했다.

논문을 쓰는 과정은 나에게 큰 도움이 되었다. 나는 항상 아이디어가 생각나면 즉흥적으로 실행하던 습관이 있었다. 하지만 논문이란 것은 나의 주장을 문제 제기, 문제 배경, 연구 방법, 연구 결과라는 논리적인 순서로 전개해야 하는 작업이다. 논문을 통해 내가 주장하는 일의 근거를 찾고 계획을 세우고 해결 방법을 찾는 법을 알게 되었다.

그렇게 완성된 논문 내용을 바탕으로 대학생, 대학원생들만 지원할 수 있었던 '아이디어 시제품 개발비 지원 사업'에도 도전해 보았다. 처음으로 내 사업에 전략을 짜서 사업 계획을 하고 도전한 지원 사업이었다. 그리고 처음으로 정부 지원금 1천만 원을 지원받게 되었다.

당시 나에게는 제품을 만들 수 있는 자금이 더는 없었다. 다시 계획을 짰다. 돈이 없어도 가방을 만들 수 있는 전략을 짜야만 했다.

내가 가진 것은 가방을 만들 수 있는 기술적인 노하우와 그린 디자인 석사 논문을 쓰면서 쌓은 친환경 지식이었다. 그리고 지난 몇 년간 쌓아 온 인맥으로 확실한 주문이 있다면 외상으로 작업해 줄 수 있는 믿을만한 거래처도 확보가 되어 있는 상황이었다.

대학원에서 지원해 주는 전시회에 무료 참가 기회를 얻었다. 기존에 만들었던 단일 소재 가방을 비롯한 페트병 재활용 원단, 생분해 원단, 비건 가죽[1], 코르크 원단, 타이벡 소재 등 6가지의 친환경 원단을 조금씩 구매했다. 그리고 중고나라에서 5만 원짜리 되감기 기능도 안 되는 홈 재봉틀을 사서 직접 샘플 가방을 만들었다. 택배 상자 9개를 활용해 2만 원이 안 되는 최소 비용으로 전시 구조물도 만들었다. 그리고 직접 만든 9가지의 친환경 가방을 가지고 나가 전시회에 오는 관람객, 구매자들에게 당신들이 원하는 친환경 가방을 맞춤 제작해 주겠다고 홍보했다. 예쁜 가방을 만들어 일반 소비자에게 파는 방법만 생각하던 내가 B2B 맞춤 제작이라는 전략을 고안해 낸 것이었다.

때마침 우리나라가 수출하던 재활용 폐기물을 중국에서 더는 수입하지 않겠다는 폐기물 대란이 일어났다. 일회용 플라스틱의 심각성이 소비자에게 직접 인식될 기회였다. 전시회가 끝난 후 3개월이 지나고 메일이 왔다.

---

1) 파인애플 잎, 코르크 등 다양한 식물 기반 공급원으로 만든 합성 소재를 말함

"페트병 재활용 원단으로 장바구니 30,000개를 만들어 주세요."

단건으로만 1억 원이 넘는 주문이었다. 너무 놀라서 구매자에게 혹시 3,000개인데 0을 하나 더 쓰신 거 아니냐고 되묻기도 했다. 현실이었다. 그 후로도 전기자동차 판촉을 위한 단일 소재 가방 5,000장 주문 등 친환경 맞춤 가방의 주문은 계속 이어졌다. 그렇게 지금의 친환경 자원 순환 제품 B2B[2], B2G[3] 전문 사회적 기업으로 극적인 성공을 이루게 되었다. 현재는 국내 굴지의 자연 친화 식품 브랜드, 거대 관공서 등 신뢰도 높은 거래처들을 확보해 사업을 이어 나가고 있다.

---

[2] B2B는 Business to Business의 약자로 기업 간의 거래를 위한 영업 방식을 말함
[3] B2G는 Business to Government의 약자로 기업이 정부(공공기관)를 제품이나 서비스를 제공하는 거래 형태를 말함

2-8 창업에도 공식이 있다면

창업이 두려운 이유는 사실 한 가지이다. 어떻게 시작해야 할지, 아이디어가 있어도 어떻게 생명을 불어넣어야 할지 방법을 모르기 때문이다.

창업에도 수학처럼 공식이 있다고 생각해 보면 어떨까? 당신에게 아주 좋은 아이디어가 있다고 해 보자. 아이디어를 가지고 공식에 대입해 실행할 방법을 누군가 알려준다면 조금 자신감이 생기지 않을까? 적어도 방법을 몰라 허둥대지는 않을 것 같다.

나는 여성들, 특히 엄마들에게 자신만의 전문성을 갖추고 자신의 삶을 스스로 만들어 가라고 말하고 싶다. 그것이 창업이라는 방법으로 가능하다는 것을 알려주고 싶다. 하지만 몇 년간 사회에서 돈 버는 일과 멀어져 있던 엄마들에게 갑작스럽게 창업해 보자고 하면 어떻게 느낄까? 막막하지 않을까? 그래서 내가 그동안 직접 경험해 본 방법들을 정리해서 단계별로 공식을 만들어 알려주면 좋겠다고 생각했다.

창업의 단계

1단계: 가치관 재정립

창업하고 도전을 한다는 것은 지금까지의 삶의 방식에서 완전히 탈피해야 하는 과정이다. 내 삶의 가치관과 사고방식을 새롭게 재정비해야 더 크게 보고 더 멀리 보는 삶의 태도를 만들어 갈 수 있다.

2단계: 나에 대해 깨닫기

창업은 한번 해 보고 마는 단기적인 프로젝트가 아니다. 지속적이고 긴 호흡으로 내 삶을 만들어 가는 과정이다. 내가 무엇을 잘하는지, 내가 무엇을 좋아하는지, 내가 무엇에 관심이 있는지, 앞으로 내가 어떤 사람이 될 수 있을지 자신에 대해 잘 알아야 지치지 않고 지속할 수 있는 힘을 만들 수 있다.

3단계: 아이템 만들기

깨닫게 된 자신의 강점을 활용해 자신에게 딱 맞는 창업 아이템을 만들어 보는 단계이다. 창업이란 것이 꼭 거창할 필요는 없다. 자신의 삶에서 놓치기 쉬운 경험들이 어쩌면 당신의 삶을 만드는 키워드가 될 수 있다.

4단계: 사업계획서 만들어 보기

멀리 가려면 전략이 있어야 한다. 자신이 만든 비전을 문서로 정리해 보고 사람들에게 발표해 보는 것만으로도 자신이 가야 할 길이 명확해지고 더욱 자신감을 얻게 될 것이다.

5단계: 당신만의 퍼널을 만들기

퍼널(funnel)이란 고객이 당신의 제품을 알아차리고 구매까지 연결되는 과정을 말한다. 퍼널을 만든다는 것은 당신의 팬을 만들어 가는 과정을 만드는 것과 동일하다. 당신의 창업에 관심을 기울여 줄 당신만의 팬을 만들어 보자. 팬이 있다면 당신이 더욱 이 일을 해 나가야 할 이유가 생길 것이다.

6단계: 엄마 기업가정신

엄마 창업가라는 도전 자체가 육아와 일을 동시에 완벽하게 해내야 한다는 두려움을 갖게 하는 엄청난 도전이다. 엄마라는 특수한 상황에 맞는 마음가짐을 갖추고 도전에 임해 보자. 완벽한 사람은 없다.

나는 창업을 단순하게 '그냥 한번 해 보지 뭐!'라는 생각으로 시작했다가 너무 많은 시행착오를 겪어 왔다. 그 과정에서 상처도 많이 받았고 하지 않아도 되었을 경험도 많이 겪었다.

어떤 길인지 알고 가는 것과 모르고 가는 것에는 큰 차이가 있다. 내가 말한 여섯 단계는 당신들이 가 보지 못한 길에 대해 방법을 알려주는 지침과 같다. 창업이라는 큰 도전 앞에 우리가 어떤 마음을 가져야 하는지, 어떤 것들을 알아야 하는지에 대해 이 책을 읽고 시작한다면 여러분이 가고자 하는 목적지에 조금은 쉽고 편하게 도달할 수 있을 것이다.

03

창업 1단계
가치관 재정립

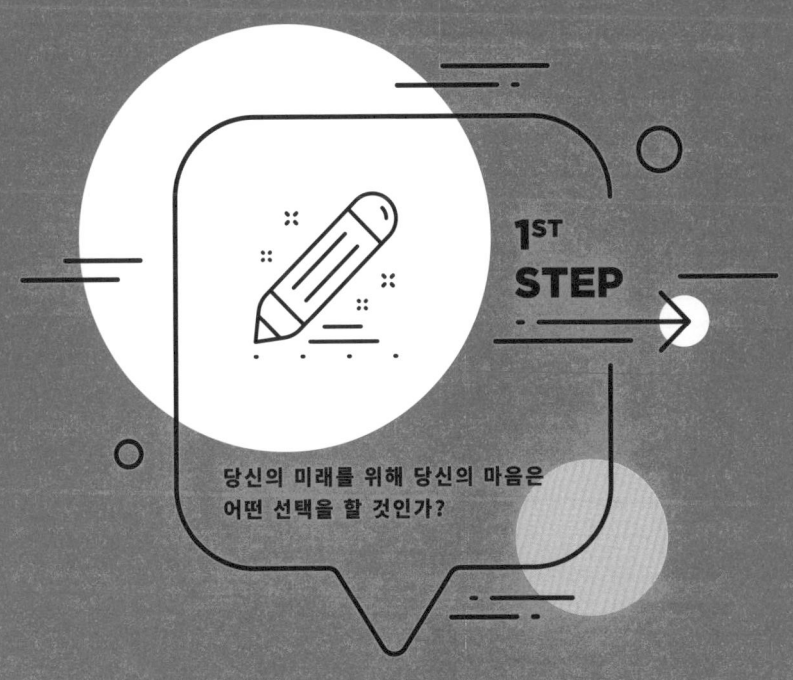

1ST STEP

당신의 미래를 위해 당신의 마음은 어떤 선택을 할 것인가?

3-1 당신은 오늘 당장 죽을지도 모른다

 작년 초에 나는 큰일을 치렀다. 5년 전 엄마와 이혼하게 되어 혼자 살고 있던 아빠랑 원래도 자주 통화를 하진 않았지만, 코로나로 인해 더욱 왕래가 없어진 때였다. 설날이 되어 동생과 아빠를 우리 집으로 초대하였다. 함께 만나기로 한 시간이 되었고 동생이 도착했다. 하지만 아빠는 아무런 연락이 없었다. 전날 아빠에게 보낸 약속을 상기시키는 문자는 여전히 읽히지 않아 숫자 1이 지워지지 않고 있었다. 아빠에게 전화를 걸었다.

 "전원이 꺼져 있어 고객님과 연결이 되지 않고 있습니다."

 익숙하지 않은 통화 연결 음성이 들려왔다. 아빠에게 가 봐야겠다는 생각이 들었다. 다 같이 먹기로 한 소고기를 테이블에 차려둔 채로 남편이랑 동생과 같이 1시간 거리에 있는 아빠의 집으로 달려갔다.

 아빠의 집은 잠겨 있었다. 잠긴 문을 두드리며 흔드는 문틈 사이로 기분 나쁜 냄새가 났다. 불현듯 무서운 생각이 들었다. 핸드폰 어딘가 저장해 두었던 아빠 집 비밀번호를 찾아 문을 열었지만 나는 선뜻 들어갈 용기가 나지 않았다. 남편과 동생에게 먼저 들어가 보라고 한 뒤 나는 문 뒤에서 기다리고 있었다. 잠시 후 나온 남편의 목소리가 떨려 왔다.

"아버님, 주무시고 계시는데?"

"무슨 소리야? 숨은 쉬고 계셔?"

"아니… 돌아가신 것 같아."

나는 차마 아빠 얼굴을 볼 수가 없었다. 아빠는 돌아가신 지 5일 정도 된 상태였다. 아빠 나이 67세였다. 설맞이 가족 식사를 장례식장에서 맞이하게 될 줄은 상상도 하지 못했다.

갑작스럽게 돌아가신 부모님을 떠올리며 하는 말들이 있다. 돌아가시기 전에 잘해드릴걸, 전화 한 번 더 걸어볼걸, 이런 후회의 말들. 과거에 잘못한 일을 두고두고 생각하며 한탄하는 행위를 후회라고 한다. 후회라는 감정에는 과거라는 시간 속성이 있다. 지나간 시간은 되돌릴 수 없다는 것을 누구나 알고 있다.

죽는 순간을 경험한 사람들이 흔히들 하는 이야기가 있다. 찰나의 순간에 과거 몇십 년의 일들이 파노라마처럼 쭉 스쳐 지나간다고 한다. 나는 가끔 한 번씩 그 순간을 상상해 보곤 한다. 내 마지막 순간에 스쳐 지나가는 과거의 일들이 보람과 성취 그리고 행복의 순간이면 좋겠다.

나는 누군가가 나에게 삶의 가치관이 무어냐고 묻는다면 지체 없이 말하겠다.

"오늘 당장 교통사고로 죽는다고 해도 '나, 이거 한번 해 볼 걸…' 하는 후회가 남지 않는 삶을 살래요."

그러기 위해서 나는 내가 생각한 일들을 끊임없이 실행하고 도전하는 삶을 살아오고 있다.

아빠의 장례가 끝나고 난 뒤 난 죽음에 대해 다시 한번 생각해 보게 되었다. 죽음이란 것이 너무 가깝게 느껴졌다. 며칠 전까지 통화하고 밥 먹자고 약속했던 아빠가 마지막 말도 남기지 못하고 집에서 홀로 갑작스러운 죽음을 맞이하게 될 것이라고 누가 상상할 수 있었을까? 아빠는 스스로 자신이 죽게 될 것을 예상하였을까? 아빠는 마지막 순간에 어떤 생각을 떠올렸을까? 아빠의 삶은 스스로 만족스러웠을까?

아빠가 돌아가시기 한 달 전, 18년간 요양원에 계시던 아빠의 엄마, 할머니의 장례식이 있었다. 나는 할머니의 장례식 기간에도 회사 일로 자리를 지킬 수 없어 부조금만 전달하고 바로 업무에 복귀했었다. 장례식이 끝나고 부조금을 왜 이리 많이 했냐며 밥 한번 사겠다는 아빠의 마지막 전화 목소리가 떠올랐다.

이제부터 상상해 보자. 조금 무서울 수도 있지만 겁낼 필요는 없다. 만약 당신이 이 책을 읽다가 아이의 하원 시간에 맞춰 아이를 데리러 가는 길, 횡단보도를 건너다가 갑작스럽게 돌진하는 차에 치여 죽는다고 상상해 보자. 그리고 스스로 질문을 던져 보자.

- 당신은 어떤 파노라마를 떠올리게 될까?
- 당신의 아이에게, 당신의 주변인들에게, 지금의 당신은 어떤 사람으로 묘사될 수 있을까?
- 당신은 당신 자신에게 만족할 만한 사람이었나?
- 당신은 스스로가 자랑스러운 사람이었나?

• 당신의 묘비에 당신은 어떤 사람으로 쓰이고 싶나?

이 장이 끝나고 나면 당신은 해야 할 일이 있다. 위의 문항들의 답을 스스로 적어 보는 것이다. 어떤 삶을 살아야 지금 당장 마지막 순간을 맞이한다 해도 후회 없이 살 수 있을까? 당신의 지금의 삶이 만족스럽지 않다면 위 질문들의 답을 꼭 적어 보아야 한다.

최근에 아주 감명 깊게 읽은 황농문 박사님의 《몰입》이라는 책에는 몰입을 통한 후회 없는 삶에 대해 아주 자세히 나와 있다.

> 축복받은 삶은 내가 가진 능력을 마음껏 발휘해서 뒤돌아보면 한 치의 후회가 없는 삶이다. 자신의 능력으로는 도저히 불가능해 보이는 목표에 도전하고 마침내 그것을 성취했을 때 희열을 느끼면서 발전하는, 하루하루 감동하는 삶이다. (중략) 최선의 삶을 산 사람은 죽음을 두려움 없이 자신 있게 맞이할 수 있다. 더 나아가 죽음을 오히려 영원한 안식처로 느낄 수도 있다.
>
> _ 황농문, 《몰입》

삶의 시간이라는 것은 무한하지 않다. 그리고 나에게 주어진 남은 시간을 아무도 예측할 수 없다. 그러기에 내게 주어진 순간의 시간조차 소중하게 사용해야 한다. 나를 위해 지금부터라도 후회가 남지 않을 후련한 삶을 시작해 보자.

3-2 당신 마음의 선택이 당신의 미래를 결정지을 것이다

게슈탈트 심리 치료 그림, 루빈의 컵

한 번쯤 위의 그림을 본 적 있을 것이다. 어떤 것이 보이는가? 하얀색으로 표현되는 화려한 실루엣의 컵이 보인다. 다르게 본다면 검은 바탕으로 표현되어 있는 마주 보고 있는 두 사람의 옆모습이 보이기도 한다. 컵이 보이기도 하고, 사람 얼굴이 보이기도 하니 왔다 갔다 정신없이 보일 것이다.

그럼 이렇게 다시 보자. 마음속으로 흰색을 보기로 '선택'하고 보자. 이번에는 검은색 부분을 먼저 보기로 마음속으로 '선택'하고 그림을 보자. 내가 보고 싶은 색을 먼저 마음속으로 선택하고 그림을 집중해서 보니 형상이 더욱 또렷하게 보이기 시작한다.

이 그림은 게슈탈트(Gestalt) 심리 치료법에서 쓰이는 대표적인 그림 중의 하나인 '루빈의 컵'이다. 검은색을 먼저 보는 습관이 있는 사람은 두 사람의 옆모습이 보일 것이고, 흰색을 먼저 보는 습관이 있는 사람은 컵이 먼저 보인다는 이야기이다. 나는 여기서 내 마음이 사물을 어떻게 볼지 '선택'하는 것이 중요하다는 것을 깨달았다.

나는 지금까지 도전하는 삶을 멈추지 않았다. 항상 좋았던 건 아니다. 성취하는 기쁨의 순간도 있었지만 '아, 왜 내가 이런 선택을 해서 고통을 자초했을까!' 하는 후회의 순간들도 분명 있었다. 그런 고통의 경험들이 쌓이고 반복되면 어느 순간 '내가 이상한 사람인가?' 하며 나 자신을 자책하고 싫어하게 되는 순간이 오기도 했다.

하지만 나는 정말 신비로운 경험을 한 적이 있다. 내 삶이 바닥의 순간이라고 생각했을 때는 죽음이 아니면 어떤 해결책도 없을 것 같은 생각뿐이었다. 도무지 희망이라고는 생각할 수 없었다. 그러다 불현듯 '이 고통의 순간은 내 삶의 한 장면일 뿐이다.'라고 생각하기로 마음을 먹는 순간 숨이 쉬어지고 세상이 다르게 보이기 시작했다. 심지어 그 고통의 이야기로 인해 내 삶의 경험이 풍성해질 수 있고, 이 경험들을 활용하기로 마음먹으니 오히려 새로운 희망까지 보이기 시작했다. 어제까지 죽으려고 몸부림치던 내가 오늘은 전혀 다른 사람으로 다시 태어난 것이다.

내 마음이 내 삶의 검은색만 보기로 마음먹었을 때는 나를 미워하고 내 운명을 탓하며 비관적인 모습만을 그렸다. 그러다 같은 상황인데도 흰색도 있다는 것을 깨닫는 순간, 내 삶 전체를 보는 시야가 생기고, 어둠이 있었기에 빛도 있었다는 것을 깨달았다. 그리고 흰색만을 보기로 '선택'한 순간, 이 상황이 나만 겪을 수 있는 특별한 이야기 같아 보이기까지 한 것이다.

하지만 현재의 내가 불만족스럽다고 해서 과거의 내가 잘못된 선택을 했기 때문이라고 단정 지어 생각할 필요는 없다. 과거의 잘못된 선택이라고 결정하는 것 또한 '내가 그렇게 생각하기로 결정한 것'이라고 바꿔 생각해 보면 어떨까?

지금부터 한번 시도해 보자. 누구나 살면서 후회되거나 마음에 남는 장면들이 하나씩은 있다. 내가 살아가면서 가장 후회되고 나 자신에게 가장 실망스럽거나 잊지 못할 부정적인 사건 하나씩을 떠올려 보자. 부정적인 사건에는 부정적인 요소와 안 좋은 감정이 떠오르기 마련이다. 하지만 이제는 반대로 그 사건의 긍정적인 모습을 떠올려 보도록 스스로 선택해 보자. 그리고 아래의 질문에 답해 보자.

- 그 일로 인해 당신은 어떤 경험을 하게 되었는가?
- 어떤 교훈을 얻게 되었는가?
- 그 일로 인해 긍정적으로 변화된 당신 삶의 패턴이 있는가?
  (예: 술을 마시지 않게 되었다, 치료를 받게 되었다 등등)
- 그 사건으로 하여금 다른 이들에게 어떤 이야기를 해 주고 싶은가?

당신은 지금까지 어떤 마음의 선택을 하며 살아왔는가? 우리는 항상 빛과 어둠이 공존하는 공간에 살아가고 있다. 빛이 있다면 그림자가 있다. 아주 어두운 그림자는 아주 밝은 빛이 나를 비춰 주고 있기 때문일 것이다.

당신이 과거에 어떤 경험을 했는지 그건 중요하지 않다. 당신이 과거 경험의 어떤 면을 보기로 선택했는지가 중요하다. 긍정적인 면과 밝은 면만 보도록 선택해 보자. 어떤 경험이든 나의 앞으로의 삶에 원동력이 되고 지금의 나를 만들어 준 나만의 경험이라고 생각해 보자. 그리고 지난 과거의 모든 경험을 극복하고 지금의 내가 이렇게 살아가고 있음을 나 스스로 대견해 하자.

마음이 변화되는 것이 느껴지나? 슬며시 미소가 지어지는가? 지난날의 내가 지금까지 버텨온 것이 자랑스럽게 느껴지는가? 그럼 된 거다.

이제 앞으로의 나를 위한 삶을 어떻게 살아갈 수 있을지 선택할 수 있는 준비가 된 것이다. 자신이 어떻게 살 것인지를 선택했다면 자신을 사랑할 수 있을 것인지 한번 생각해 보자. 지난 다양한 과거의 모습을 지금까지 겪어 오고 이겨내 온 당신이라면 앞으로의 삶도 당신 스스로 결정할 수 있는 사람이다. 나는 당신을 믿는다.

지금부터의 선택도 당신의 마음에 달렸다. 당신의 미래를 위해 당신의 마음은 어떤 선택을 할 것인가?

3-3 1년 후, 5년 후, 10년 후 당신의 모습을 그려 보자

  2021년 12월의 마지막 날. 그해 3/4분기는 정말 바빴다. 12월 한 달 내내 단 하루도 제대로 쉬어본 적이 없었던 것 같다. 그래서 12월 31일 마지막 날은 열심히 일한 나에게 선물을 줘야겠다는 생각이 들어 남편과 서울 남산 일출이 잘 보이는 고급 호텔을 예약했다. 지난 1년을 되돌아보고 다가올 새해의 시간을 다짐하는 장소로는 딱 맞은 듯 보였다.

  코로나 때문인지 12월 31일, 마지막 밤인데도 서울 중심부의 밤은 매우 조용했다. 갈만한 식당도 없어서 남편과 나는 평소 비싸서 잘 못 시키던 룸 서비스를 시켜 호텔에서 남산 야경을 바라보며 2021년의 마지막 밤을 기념했다. 특별한 그날은 무언가 다짐을 해야 할 것 같은 생각이 들었다. 남편과 나는 2022년에 대한 각자의 계획을 말해 보기로 했다.

실험 영화감독인 남편에게 2021년은 실망과 아쉬움의 한 해였다. 남편은 지방의 한 대학교에서 영화 연출 외래 강사로 몇 년째 일하고 있었다. 매년 좋은 결과를 내고 학생들에게 좋은 평가를 받으며 마음 써 왔던 강의였다. 그런데 그 학교 측과의 관계에서 크게 실망하는 일이 발생했고, 결국 강의를 정리하려고 결심한 해였다. 남편은 2022년 처음으로 자신에게 자신의 작품에만 집중할 수 있는 시간을 주고 싶어 했다. 그리고 지금까지보다 더 성장한 자신의 예술적 성과를 만들겠다고 다짐했다.

나는 2021년 바쁘게 달려왔고 목표치보다 더 좋은 결과를 냈었다고 생각했다. 2022년에는 더 큰 성과를 만들어 내고 싶었다. 그래서 2022년도에는 우리 회사의 정체성을 보여줄 수 있는 새로운 브랜드를 출시하겠다고 결심했다. 그리고 우리는 올해 안에 우리 명의의 집을 장만하자는 공동의 다짐도 했다. 그렇게 가벼운 듯 진지했던 우리의 다짐을 이야기하며 2021년의 마지막 밤을 보냈다.

하지만 2022년 구정 설에 아빠의 장례식이라는 예상치 못한 사건을 맞이하게 되었다. 나는 그 사건을 계기로 지난 삶을 다시 돌아보기 시작했고, 어떻게 보냈는지 모를 2022년을 보내게 되었다. 정신없는 1년이 훌쩍 지나고 2022년의 마지막도 어김없이 찾아왔다.

우리는 1년 사이 많이 성장한 우리의 모습을 서로 다독이며 다시 지난 한 해를 돌이켜 보았다. 그 사이 자신만의 예술적 성과를 경신해 보겠다던 남편은 국제 미술전에서 수상하였고, 다양한 작가들과 공동 전시, 개인전까지 하는 성과를 내었다. 나 또한 아빠의 장례식 이후 번아웃이 찾아오고 삶의 방식을 되돌아보며 재정비하는 시간을 갖자 했던 시간이었음에도 운영 이래 회사 최고 매출을 찍었고, 소소하지만 회사의 정체성을 보여 줄 수 있는 친환경 브랜드도 런칭하였다.

그리고 '영끌(영혼까지 끌어올 정도로 힘겹다는 뜻의 신조어)'을 하긴 했지만, 우리 공동의 목표였던 우리 명의의 집을 장만하는 것도 성공했다. 사실 2021년 마지막 날의 다짐은 잊은 지 오래였다. 아빠의 죽음으로 그동안 쌓였던 사업으로 인한 피로감이 한꺼번에 몰려왔고, 이 시점에서 한번쯤 삶을 다시 정비해야겠다 생각했다. 그 당시 나는 나의 맘도 살피지 않고 회사 운영과 성장에만 집중하고 살았다. 그런데 돌아보니 40살이 되었지만, 열심히 산 것에 비해 집도 없는 내 모습이 초라하게 느껴지기 시작했다. 그래서 무조건 집을 사야겠다고 생각했을 뿐이었다.

참 신기했다. 남편은 자신에게 주어진 1년의 세월에 스스로 성과를 내야 한다는 책임감이 있었을지 모르겠지만, 나는 사실 지난 1년이 그저 정신없이 바쁘게 흘러간 것 같았다. 갑작스럽게 찾아온 삶과 죽음이라는 의미를 정리하기도 힘들었기에 닥치는 일들을 처리하기에 바빴다고 생각했는데, 돌이켜 보니 신기하게도 내가 1년 전 목표했던 일들이 다 이루어져 있었던 것이었다.

흔히들 인생을 여행이라고 표현한다. 인생은 우리가 어디로 갈지, 어떤 사건을 마주하게 될지 알 수 없는 미지의 세계로 가는 여행이다. 설레지만 동시에 불안하기도 한 여행을 마치고 나면 우리는 새로운 경험과 도전, 그리고 극복이라는 성취감을 가지고 조금이나마 이전보다 성숙해진 자신을 만나게 된다. 인생 또한 마찬가지일 것이다.

우리가 여행을 떠난다고 생각해 보자. 나는 일단 목적지와 일정을 정한다. 그리고 비행기를 타고 갈지, 운전해서 갈지, 가는 방법을 정한다.

그리고 어떤 숙소에서 묵을지도 정한다. 기왕 간 김에 유명한 맛집도 들러야 하므로 근처 식당도 알아본다. 분 단위, 초 단위로 끊어 계획을 세우지는 못하더라도 적어도 어느 정도의 계획을 세우고 떠나는 여행이라면 불안함을 조금 덜어내고 떠날 수 있을 것이다.

한 치 앞을 알 수 없는 불안한 인생이라는 항로에 조금이라도 덜 불안한 여정을 살아가기 위해서는 어떻게 해야 할까? 나는 그 해답이 바로 계획이라고 생각한다. 우리는 모두 삶이라는 여행을 하면서 자신의 삶을 만들어 나가고 있다. 인간의 뇌는 목표가 있을 때 최고로 몰입할 수 있다. 우리의 주어진 삶이라는 시간을 허투루 사용하지 않기 위해서는 우리 인생의 목표를 설정해야 한다.

당신의 인생에도 인생 계획표가 필요하다. 인생 계획표에 1개년, 5개년, 10개년의 목표를 설정해 보자. 구체적으로 설정해 보자. 가장 중요한 점은 현재의 나와 1년 후, 5년 후, 10년 후의 나는 같은 사람이 아니라는 것을 명심하자. 미래의 나와 지금의 나는 전혀 다른 사람이다.

나는 작년 아빠의 죽음을 보며 앞으로의 인생에 대해 다시 한번 고민해 보는 시간을 가졌다. 그리고 내가 앞으로 살아갈 방법으로 여성 창업 전문가가 되기로 결심했다. 그래서 나는 이렇게 계획을 세웠다.

- 1년 차: 강연가로 데뷔한다.
- 5년 차: 여성의 자립과 자존을 설파하는 유명한 강연가가 된다.
- 10년 차: 여성의 자립과 자존을 지원하는 재단을 설립한다.

목표는 구체적일수록 좋다. 계획별로 하위 그룹의 목표를 설정한다. 꿈과 계획은 높이 설정할수록 좋다. 높은 계획을 설정하면 우리의 뇌는 목표에 도달하기 위해 더욱 빠른 방법을 찾아보려 할 것이다. 그리고 롤 모델을 꼭 적어 보자. 생각이 안 나면 내가 목표하는 바와 비슷한 사람을 찾아보자.

이것이 나의 인생 여행 계획표이다.

	1개년	5개년	10개년
큰 목표	- 강연가로 데뷔하기	- 대중들이 모두 아는 강연가 되기	- 재단 설립하기
(하위 목표 1) 어떻게	- 책을 쓴다. - 연구소를 설립한다. - 강연 행사를 기획하고 제안한다.	- 매년 책 1권씩 출간한다. - 방송에 출연한다. - 자체 강연 프로그램을 운영한다.	- 함께 할 협력자를 모집한다. - 재단 설립을 위한 펀드를 조성한다.
(하위 목표 2) 재정	- 연내 강의 수입으로 현재 수입을 돌파한다.	- 연구소 사옥을 마련한다. - 1년 차 때보다 10배의 수입을 창출한다.	- 강연 수입으로 생활비를 충분하게 마련한다. - 설립 이후 3년간 무급으로 재단 운영 봉사를 한다.
롤 모델	x	- 김미경 대표	- 환경재단 최열 이사장

당신의 계획도 작성해 보자.

	1개년	5개년	10개년
큰 목표			
(하위 목표 1) 어떻게			
(하위 목표 2) 재정			
롤 모델			

계획을 짜고 나니 어떤가? 자신의 삶의 길이 좀 보이기 시작하는가? 이제 미래의 당신은 지금의 당신이 아니다. 미래의 나와 지금의 내가 어떻게 연결될 수 있을지 방법을 찾기만 하면 된다.

당신은 할 수 있는 사람이다. 당신이란 사람을 믿어 보자. 그리고 상상해 보자. 미래의 나와 만나 보자.

3-4 우리는 인생 120세 시대를 향해 가고 있다

며칠 전 신기한 기사를 보게 되었다. 건물 2~3층 높이의 커다란 공간에 엄청나게 큰 기계가 있고, 그 기계에서는 암을 치료하는 중입자를 만들어 낸다고 한다. 그 기계에서 만들어 낸 중입자로 이미 전립선암에 걸린 사람들을 수술과 후유증 없이 성공적으로 치료했다는 기사였다. 이렇게 의료 기술의 발달은 우리가 죽고 싶어도 죽기 힘든 상황으로 만들어 가고 있다.

흔히들 이제 100세 시대라고 한다. 맞다. 현재는 100세 시대가 맞다. 왜냐하면 나는 사십 대 초반이고 나의 할머니, 남편의 할머니, 할아버지들이 95, 96, 97세로 거의 100세가 다 된 나이까지 사시다 운명을 다하셨고 나의 외할머니는 96세이신데도 아직 정정하시다. 얼마 전 95세 나이로 돌아가신 전국노래자랑의 MC 송해 선생님이 돌아가시기 직전까지도 아주 활발하게 활동하셨던 것을 보면 현재 100세 시대인 게 정말 맞는 말인 듯하다.

그럼 현재 30대, 40대, 50대를 살아가는 우리는 어떨까? 지금 60~70대이신 우리의 부모님 시대는 110세 시대, 그보다 젊은 우리는 120세 시대가 될 것이라고 나는 주장하고 있다. 왜냐면 의학과 미용 기술은 계속 발전하고 있고, 우리는 지금보다 더 발전된 미래에서 살게 될 것이기 때문이다.

1980~90년대에는 회사에 취업만 하면 60세까지 일하는 것이 당연했었다. 그렇게 60세까지 한 회사에서 근무하다가 은퇴 이후에는 그동안 모아 놓은 돈과 퇴직금으로 여행이나 다니며 즐기는 삶을 노후의 가장 완벽한 삶이라고 생각하며 살아왔다. 하지만 사실 요즘의 60대분들은 어떤가? 청년만큼이나 더 왕성한 체력에, 경험과 연륜이 쌓여 더 넓은 시야를 가지게 되었다.

우리 회사에서 일하는 이사님도 평생을 양말 생산 전문가로 회사를 운영하셨었다. 그러던 어느날 나는 그분이 60세가 넘어 회사를 정리하려고 한다는 이야기를 듣게 되었다. 생산 전문가를 찾고 있던 나에게 이사님 같은 전문가가 매우 필요했기 때문에, 재빨리 우리 회사에서 일해주실 것을 제안했다. 지금은 이사님 덕에 내가 이렇게 책을 쓸 시간까지 가질 수 있게 되었다.

최근에 소셜 티처스(Social Teachers)라는 사회적 가치 전문 강사 양성 과정의 수업에 참여하게 되었다. 40여 명의 수강생들 중 약 25명 정도가 최소 50대 이상, 많게는 70대에 달하는 분도 있었다. 보통 이런 수업에 참여하게 되면 대부분 3~40대가 많았던 과거 경험에 비추어 봤을 때 이 상황이 매우 낯설게 느껴졌다. 참여한 대부분의 사람들이 대기업의 요직에 계셨던, 대학에서 교수로도 활동하신 엄청난 스펙의 소유자들이었다. 모두 은퇴를 앞두고 혹은 은퇴를 하고 새롭게 할 일을 찾아서 이 수업에 참여하게 되었다고 하셨다.

얼마 전 워크맘 인터뷰를 하러 세종시에 있는 대표님을 뵈러 갔다. 그분은 경력 단절 시절 쉽게 해 볼 수 있던 일이 어린이집 선생님이었고 그렇게 시작하게 된 어린이집 사업을 발판삼아 현재는 어린이집 원장님들을 위한 운영 교육을 하며 자신만의 길을 개척했다.

나는 워크맘 인터뷰 마지막에 앞으로의 계획에 대해 항상 물어본다. 이 대표님께도 물어봤다. 나를 비롯해 대부분의 워크맘들에게 앞으로의 계획을 물어보면, 앞으로 몇 년간의 계획에 관해 이야기하는 게 보통이었다. 그런데 이 대표님은 20년 후에 자신만의 카페를 운영해 보고 싶다며 60대 이후의 계획에 대해 이야기했다. 아직 40대 중후반밖에 되지 않은 분이었다. 나는 갑자기 이런 생각이 들었다.

'아! 우리는 이제 60대 이후의 삶도 어떤 일을 하며 살아야 할지 계획해야 하는 시대가 되었구나!'

여성 동기부여 강연가로 너무나 유명한 김미경 선생님의 《마흔 수업》이라는 책에 보면 100세 인생 시계에 대해 나와 있다. 김난도 선생님의 《아프니까 청춘이다》에서 나온 80세 인생 시계를 요즘 시대에 맞추어 100세로 변환한 것이다.

인생 시계를 그림으로 그려 놓고 보면 내가 지금 해야 할 일이 무엇인지 명확하게 생각해 볼 수 있다. 120세 시계를 한번 그려 보면 어떨까? 120세 인생 시계에서 1년은 12분이며, 마흔 살은 아침 8시, 하루를 시작하는 시간이다. 예순 살이라면 어떨까? 점심 12시밖에 안 된 시간

120세 인생 시계 그림

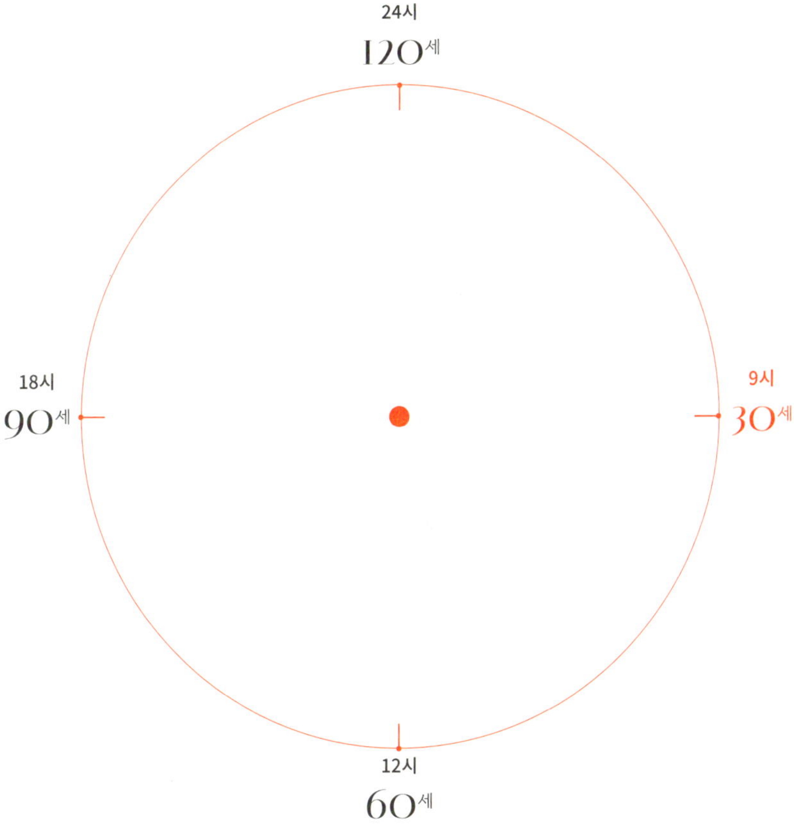

24시
120세

9시
30세

18시
90세

12시
60세

이다.

　이른 새벽 하루를 시작하는 미라클 모닝을 시도했을 때의 가장 큰 장점은 하루의 시작을 계획적으로 할 수 있다는 점이다. 하루의 시작은 매우 중요하다. 120세 시계에서 대부분의 3~40대 엄마들은 지금 아침 시간을 지나고 있다. 120년이 우리에게 주어진 인생의 시간이라면 예순 살은 이제 반밖에 오지 않은 시점이다. 60세 이전에 우리가 쌓아왔던 경험과 연륜, 삶을 바라보는 태도가 앞으로 60세 이후 우리의 삶을 결정지어 줄 것이다.

　아침에 일어나 오늘 하루를 어떻게 살지, 오늘 하루가 끝날 때 어떤 마음으로 잠이 들지 지금부터 계획해 보자. 당신에게 남은 시간이 하루밖에 없다면 오늘 하루를 어떤 마음으로 살 것인가?

　120세 시대, 지금 시작해도 충분하다. 내 인생 시계의 미라클 모닝을 시작해 보자.

3-5 당신은 당신의 아이에게 자랑스러운 엄마가 될 수 있다

워크맘 인터뷰를 하다 보면 다양한 분야에서 고군분투하는 엄마 창업가들의 도전 이야기를 듣게 된다. 시련과 고통을 극복하고 도전하는 이야기는 나에게도 엄청난 귀감이 되곤 하는데 그중에서도 한 번씩 뇌리에 꽂히는 이야기나 말들이 있다.

업무 강도가 세기로 유명한 직종인 IT 업계에서 디자이너로 일하다가 근무 스트레스로 시력을 잃을 뻔한 경험이 계기가 되어 직장을 그만두고 창업에 도전하는 워크맘이었다. 그녀는 자신이 가지고 있는 웹디자인과 코딩 능력이라는 강점을 활용해 코딩 강사로서 1인 브랜딩에 성공한 분이었다. 하지만 그분도 나처럼 준비 없는 창업으로 초반에 큰 실패를 경험했다. 그렇지만 굴하지 않고 계속 도전과 실행을 반복해 지금의 위치에 도달하게 되었다고 했다. 내가 지나온 시간과 비슷한 사연에 마음이 가던 워크맘이었다. 그분의 인생 목표가 참 기억에 남았다.

"나중에 우리 아이들이 저를 기억했을 때 노력하는 엄마, 멋진 엄마로 남고 싶어요."

대부분의 자녀가 그렇듯 나도 엄마의 영향을 많이 받았다. 우리 엄마는 가난한 시골집에서 농사를 짓는 외할머니와 외할아버지를 도와 동생들의 부양해야 하는 장녀로 살았다. 공부가 너무나 하고 싶었지만 가난하고 힘든 부모님을 도와야 했기 때문에 엄마는 초등학교를 졸업하자마자 생업 전선에 뛰어들었다. 엄마는 동생들이 모두 대학을 졸업할 수 있을 정도로 뒷바라지를 하며 어린 시절을 희생했다. 그리고 이른 나이에 아빠를 만나 23살에 나를 낳았다.

엄마는 결혼하고 나서야 못다 한 공부에 대한 열정을 누리고 싶었던 것 같다. 결혼 후에도 자영업 맞벌이로 일을 놓지 못했던 엄마였지만 일하는 틈틈이 시간을 아껴가며 중학교, 고등학교 검정고시 시험을 보았다. 나는 초등학생 때 내 또래들이 다니는 학원 대신에 종로에 있는 엄마의 검정고시 학원에 함께 가서 수업을 들었던 기억이 아직도 생생하다. 그 이후에도 엄마는 대학 과정에도 도전하였고 방송통신대학교에 진학도 하였다.

어린 시절의 엄마를 기억하면 엄마는 항상 배움의 끈을 놓지 않고 있었다. 한순간의 여유나 게으름도 부릴 수 없는 환경에서 돈을 버느라, 공부를 하느라, 늘 삶에 치여 살았다. 그 때문에 나에게 살가운 마음의 표현이나 애정 어린 스킨십을 충분히 주진 못했다. 하지만 나는 엄마에게 서운한 마음이 없다. 살가움이나 스킨십 못지않은 삶을 사랑하는 법, 후회하지 않는 법, 최선을 다하는 삶, 노력하는 것의 가치를 배웠기 때문이다. 엄마는 자신의 살아가는 모습을 빌어 삶에 대해 가르쳐 주었다. 내가 이렇게 창업이라는 도전을 통해 여러 번 좌절하고 고통받음에도 다시 일어설 수 있는 원동력은 엄마의 삶을 통한 배움이 아니었을까 한다.

부모는 자녀의 거울이라는 말이 있다. 아이들은 부모의 얼굴을 닮는다. 행동도 비슷해져 간다. 말투도 닮아간다. 부모의 성격과 심성까지도 닮아간다. 부모는 아이들의 롤 모델이다. 태어나자마자 처음 본 오리를 엄마로 생각해 쫓아다니는 아기 오리처럼 아이들은 부모의 모든 것을 보고 배운다.

당신은 당신의 자녀가 어떤 사람으로 살아가길 원하는가? 당신의 자녀가 어떤 사람으로 살아가게 될지는 당신의 행동에 달려 있다.

당신의 자녀가 어떤 사람이 되었으면 좋겠는가? 자신의 분야에서 당당하게 자리매김하며 건강하고 행복한 삶을 살아가기를 원하지 않겠는가? 그럼 답은 나와 있다. 그건 바로 당신이 살고 싶은 삶이기도 하다. 그리고 당신이 앞으로 살아가야 할 삶의 태도이기도 하다.

나는 그 코딩 강사 워크맘을 보며 그분 아이들의 미래를 떠올려 보았다. 내가 우리 엄마를 자랑스럽게 기억하듯이 그 아이들도 그 대표님을 틀림없이 자랑스러워할 것이라고 확신했다.

04

창업 2 단계
나에 대해 깨닫기

2ND STEP

내가 어떤 일을 해야 행복을 느끼는지
알아야 행복한 창업을 할 수 있다.

4-1 나를 알아야 하는 이유

사람들이 창업을 하는 데는 다양한 이유가 있을 것이다.
나의 첫 번째 창업 이유는 매우 단순했다. 재밌는 것을 해 보고 싶어서였다. 두 번째 창업의 이유는 내 아이디어를 실현해 보고 싶어서였다. 세 번째 창업의 이유는 실패를 인정하고 싶지 않아서 어떻게든 다시 일어서야 함이었다. 스스로 결정하고 시도한 창업이라 할지라도 나의 본질에 적합하지 않은 창업의 이유는 나를 행복하게 만들지 못했다.
나는 그동안 나를 꽤 잘 안다고 생각했다. 나는 자신감이 있고 진취적이고 실행력이 있으니까 직원도 많이 거느리고, 투자도 받으면서 사업을 규모 있게 확장하는 것에 적합한 사람이라고 생각했다. 뉴스에 나오는 투자를 유치한 스타트업들을 볼 때마다 부러워하며 나도 저런 회사를 만들고 싶다고 생각해 왔다.
어느 날부터 심장이 두근거리고 답답함을 느꼈다. 처음엔 한두 달에

한 번 정도 그러더니 점점 빈도가 잦아지고 답답함을 느끼는 시간이 길어졌다. 뭔가 문제가 생겼다는 생각이 들어 병원에 가서 검사를 받았다. 결과는 '심실기외수축'이었다. 심실기외수축. 너무 낯선 병명에 인터넷으로 검색해 보니 흔히 있을 수 있지만 '공황'과 연계되어 있다는 글들이 많았다.

심장에 문제가 있다고 생각하니 죽을지도 모른다는 생각이 들기 시작하며 무언가 단단히 잘못되었다는 생각이 들었다. 그 무렵은 아빠의 장례가 끝나고 내 감정을 제대로 추스르지 못한 채 밀려있는 회사 일로 다시 업무에 복귀하던 때였다.

사실 회사의 문제는 그전부터 있었다. 회사의 성장 속도에 비해 무리하게 직원을 늘리고 있었고, 그에 따른 마찰이 나에게 압박으로 다가오고 있었다. 마치 회사원 때처럼 의무감에 일하고 있었고 주말이 되기만을 바랐다. 주말이 되면 사람들이 끊임없이 나를 찾거나, 내게 전화하는 일이 없었기 때문이었다. 힘들었지만 대표이기 때문에 내색할 수 없었다. 자신감 있어 보이도록, 너그러운 사람인 척 보이려 노력했었다. 그런 모든 압박과 스트레스를 심장은 알고 있었던 것 같다.

"너는 이런 것들과 맞지 않는 사람이야. 정말 네가 원하는 것을 찾아봐!"

어쩌면 심장이 나에게 이렇게 말하고 있었는지도 모르겠다.

회사를 재정비하기로 마음먹었고 지금 눈앞에 있는 스트레스 원인을 가장 큰 것부터 제거해 나가기 시작했다. 두근대고 답답한 심장도 별일 아니라고 대수롭지 않게 생각하기로 했다. 어떻게 하면 더욱 성장하고 성과를 만들어 낼지, 어떻게 하면 확장할 수 있을지에만 몰두하던 나를 더는 다그치지 않기로 했다. 나에게 시간이 필요하다고 느꼈다.

마음속 스트레스의 원인을 하나씩 제거하고 나니 조금씩 여유가 생기기 시작했다. 여유가 생기고 압박에서 조금씩 벗어나고 있다고 느낄 무렵 어느 날 내 마음속 내가 나한테 물음을 던졌다.

'네가 60살까지 일한다고 했을 때 앞으로 20년을 지금처럼 살 수 있겠어?'

'아니! 생각만 해도 죽을 것 같아.'

'너는 행복하려고 창업했는데 지금 행복하니?'

'아니, 내가 원하는 삶은 이런 게 아니야.'

'진짜 네가 원하는 삶이 뭐야?'

그 무렵 나는 3명의 경력 단절 예비 창업가 엄마들을 알게 되었고, 그들에게 가끔씩 창업 조언도 해 주면서 만남을 이어가고 있었다. 창업하려는 이유는 저마다 달랐지만 공통점도 있었다. 셋 다 결혼과 출산, 그리고 육아라는 낯선 고통을 경험하고 다시 자신을 찾기 위해 창업이라는 방법을 선택했다는 것이었다. 그들과 함께 시간을 보내고 나면 항상 즐겁고 신이 났다. 작은 기회라도 소중하게 생각하는 그들의 태도와 열정적인 자세를 보면서 새로운 에너지를 받았던 것 같다. 그녀들의 용기가 멋있었다. 도와주고 싶다는 생각이 들었다. 함께 하고 싶다는 생각도 들었다.

그리고 깨달았다. 나에게 행복감을 주는 것은 규모 있는 사업체를 운영하는 것보다 사람들을 돕고 변화되는 사람들을 보는 것일 수도 있겠구나. 긍정적인 사람들 사이에서 에너지를 얻고 그들과 함께하고 싶은 것이구나.

그러고 보니 나는 외동으로 자랐었고 회사에 다닐 때도 팀으로 일해 본 적이 없어서 혼자 단독으로 일하는 것이 익숙한 사람이었다. 그런 내가 갑자기 대표로서 직원을 다루고 관리해야 하는 것이 어려운 것은 당연했다. 평소 돈에 대해서도 많은 돈보다는 생활에 불편함이 없을 정도의 돈을 벌고 싶다고 생각하고 살았다. 나에게 큰 투자를 유치하고, 사업을 확장시켜 큰돈을 버는 것은 사업을 확장해야 하는 원동력이 되지 못했다.

더구나 친환경에 관심을 가지고 공부하기 시작한 뒤로는 어느 순간 많은 옷을 사는 것보다 하나의 옷을 제품의 생이 끝날 때까지 오래 입는 것이 좋다고 생각하기 시작했다. 더는 옷을 많이 가지고 있는 것이 즐겁지 않았다. 제품을 계속해서 만들어 내는 일이 나에게 즐거움이 아니었고 오히려 예쁜 쓰레기를 만들어 낸다는 죄책감으로 느껴지는 순간도 있었던 것이다.

이제야 나를 제대로 알아가는 것 같았다. 내가 왜 지금의 회사를 운영하는 것이 버겁고 즐겁지 않았나를 깨달았다. 나는 나와 어울리지 않는 이상향을 위해 내면의 나를 무시하고 있었구나. 나를 깨닫고 인정하고 직면하니 마음이 편해졌다. 여유가 생기고 불안함이 사라졌다.

창업을 준비하는데 나를 먼저 알아야 하는 이유는 위와 같은 이유이다. 창업은 삶을 어떤 방식으로 살아갈지에 대한 스스로의 결정이고, 도전이다. 자신이 삶의 주인이 되어 어떤 방법으로 살아갈지 모두 혼자 결정해야 하는 험난하고 어려운 과정이기도 하다.

사람마다 태어날 때부터 가지고 있는 기질이 다르고, 성격도 다르다. 기질에 따라 많은 직원을 거느리고 규모 있게 사업을 확장하는 것이 잘 맞는 사람이 있다. 어떤 사람은 규모는 작지만 알차게 1인 기업을 운영하며 월 2~3천만 원씩 버는 것에 만족한다. 또 어떤 사람은 안정적인 회사원으로서 주어진 일을 성실하게 해내는 것에 만족을 느낀다.

 창업은 단기간에 한 번 해 보고 마는 프로젝트가 아니다. 나의 시간, 노력, 그리고 자금을 들여 지속적인 삶으로 만들어 가는 과정이다. 지속 가능한 창업을 하기 위해서는 자신이 어떤 것을 잘하는 사람인지, 어떤 것을 좋아하는지, 어떤 일을 해야 행복을 느끼는지 먼저 잘 알아야 한다. 그것이 행복한 창업, 진짜 자신의 삶을 만들어 가는 창업이다.

4-2 내면의 나와 대화해 보기

당신은 당신 자신과 이야기해 본 적이 있는가?

나는 서른 살에 10년 가까이 만난 남자 친구와 이별하고 난 후 느낀 부정적인 감정들이 정리가 안 돼 너무 혼란스러웠던 경험이 있다. 그래서 이별에 관한 심리학 책들을 읽기 시작했다. 책에 나와 있는 심리적 상황들을 나에게 대입해 보면서 나를 분석했다. 책에 나와 있는 질문들을 나에게 던져 보았다. '아, 지금 내가 상실의 단계에 있구나.', '나는 지금 분노의 단계에 있네.' 이렇게 이별의 고통을 마주하고 내 자신을 조망하듯 멀리서 바라보며 천천히 극복해 나가기 시작했던 것 같다. 이후 감당하기 힘든 순간이 찾아오면 나는 자연스레 나에게 질문하는 습관이 생겼다.

자신에게 질문하는 방법은 자신의 내면을 알아가는 좋은 방법이다. 다중인격이 된 것처럼 내가 2명이 되어 서로 대화하는 방법이다. 이성적인 두뇌로 내가 타자가 되어 하는 질문을 통해 마치 다른 사람을 평가하듯이 바라본다. 이런 방법은 자신을 조금 더 분석적이고 객관적으로 바라볼 수 있게 한다. 그 대신 나 자신에게 솔직해져야 한다. 아무에게도 말하지 않아도 된다. 나를 속일 필요 없다. 진짜 나와 내 마음이 이야기한다고 상상해 보자.

그럼 이제 나와의 대화를 시작해 보겠다.

눈을 감고, 편안한 상태로 만들어 보자. 기왕이면 자연의 소리가 들리는 곳도 좋다. 지금의 감각에 집중해 보자. 풀벌레 소리, 바람 소리, 공기 냄새, 햇살의 온도를 느껴 보자. 복잡하고 심란한 현실의 생각은 잠깐 내려놓자. 조용한 곳에서 잔잔한 피아노 음악을 틀어 놓아도 좋을 것 같다. '지금'에 집중해 보자.

준비되었다면 마음속으로 질문을 해 보자.
- 너는 무엇을 할 때 제일 행복해?
- 너는 무엇을 할 때 가장 참기 힘들어?
- 네가 가장 잘하는 것이 뭐야?
- 네가 가장 못 하는 것은 뭐야?
- 너는 무엇을 하며 시간을 보낼 때 가장 즐거워?
- 네가 살면서 가장 자랑스러웠던 순간은 언제야?
- 너는 어떤 사람들과 있으면 행복을 느껴?
- 너는 언제 화가 나?
- 네 인생의 목표는 뭐야?
- 네 인생에서 가장 중요한 것은 뭐야?

- 네 가족에게 어떤 엄마, 어떤 아내, 어떤 딸이 되고 싶어?
- 네가 생각하는 너의 성격은 어때?
- 10년 후 너는 어떤 사람이었으면 좋겠어?
- 네 인생에서 돈이 얼마나 중요해?
- 너는 왜 돈을 벌고 싶어?
- 너한테 돈은 얼마 정도 있으면 행복할까?

그리고 마지막으로 또 질문해 보자.

- 네가 창업하려는 목적이 뭐야?
- 네가 창업을 통해 이루고 싶은 게 뭐야?
- 창업이 너에게 어떤 변화를 주었으면 좋겠어?

처음부터 이 작업이 쉽게 되진 않으리라 생각한다. 하지만 연습을 하고 쉼 없이 이 질문에 대해 생각하다 보면, 설거지하다가도 운전을 하다가도 순간적으로 내면의 내가 나에게 질문을 던지는 순간이 찾아올 것이다.

나는 창업이 자신의 삶에 진짜 주인공이 되는 방법이라고 했다. 자신의 삶에 주인이 된다는 것은, 자신의 삶에 자신이 책임을 져야 한다는 뜻이기도 하다. 자기 삶에 책임을 지면서 살려면 자신이 원하는 것이 무엇인지를 정확히 알아야 한다. 나를 알아야 진짜 나의 성장과 행복으로 이어지는 창업을 할 수 있기 때문이다.

4-3 나의 강점 파악하기

'롤 플레잉 게임'이라고 들어 본 적이 있는가? 흔히들 '롤 한다'는 은어로 게임을 좋아하는 사람들이 자주 사용하는 표현이기도 하다. '롤 플레잉 게임'이란 참가자 각자에게 할당된 캐릭터를 조작하고 서로 협력하여 가상의 상황에서 주어지는 시련을 극복하면서 목표를 달성하는 게임을 말한다.

이 롤 플레잉 게임을 하다 보면 우리 팀이 협력하여 상대 팀과 싸워 이기는 것이 중요하다. 그러기 위해서는 좋은 아이템이 필요하다. 아이템은 길을 가다가 주울 수도 있고, 돈을 주고 구매할 수도 있다. 이 아이템은 우리 팀을 승리로 이끌어 줄 수 있는 중요한 무기가 된다.

우리 팀의 전력을 알고 무기를 확보하며 전략을 세우고 협력하여 싸움에서 이겨 나가는 것. 창업에 도전하는 것은 이 롤 플레잉 게임의 전쟁과도 비슷한 느낌이 들지 않을까 싶다. 창업 과정에서도 아이템, 즉

'무기'가 필요하기 때문이다.

내가 가진 무기란 '나의 강점'을 이야기한다. 내가 남들보다 특별히 잘하는 것, 내가 남들보다 특별히 잘할 수 있는 것, 내가 지치지 않고 꾸준히 할 수 있는 것. 이런 것들이 무엇인지 정확하게 알고 시작하는 것은 아주 중요한 부분이다.

강점을 잘 알고 있다는 것은 자신을 잘 알고 있다는 것이다. 자신의 강점을 잘 알고 있는 사람은 자신의 약한 부분 또한 잘 알고 있다. 자신을 잘 아는 사람들은 안 되는 것에 집착하지 않는다. 자신의 강점을 잘 알면 자신과 잘 맞지 않는 일에 시간을 낭비하지 않고 자신이 잘할 수 있는 부분을 빠르게 개발해 시간을 더욱 효율적으로 활용할 수 있다.

경영학의 아버지 피터 드러커는 저서 《어떻게 경영할 것인가》라는 책에서 강점에 관해 이야기를 한다. "꿈을 실현하는 사람과 그렇지 못한 사람의 차이는 그 사람의 역량에 따라 달라지며, 역량을 발휘하기 위해서 강점 개발이 중요하다."라고 했다. 그리고 "강점을 바탕으로 성과를 내라."고 했다.

그럼 자신의 강점을 어떻게 파악할 수 있을까?

자신의 성격에서 좋은 부분을 찾아내는 것이다.

나를 예로 들어 보겠다. 나는 긍정적인 성격이다. 사람들이 봤을 때 힘 있고 밝은 에너지를 느낀다고 한다. 또한, 지나간 일이나 해결된 일에 대해서는 더 생각하지 않는 성격이다. 이 성격으로 인해 지나간 일에 크게 집착하지 않고 쭉쭉 앞으로 나갈 수 있다고 생각한다.

당신이 생각하는 당신의 가장 자랑할 만한 성격은 어떤 것인가? 내가 아는 분 중 굉장히 유쾌하고 발랄한 대표님이 있다. 이분은 언제라도

'1분 안에 낯선 사람을 친구로 만들어 내는 것'이 자신의 강점이라고 자신 있게 말씀하신다. 이분이 참여하는 행사는 항상 기분 좋게 웃다가 끝이 나곤 한다. 이런 강점이 있으신 분들은 웃음 치료사나 긍정 마인드 강사 등의 진로도 생각해 볼 수 있을 것 같다.

자신의 긍정적인 능력 또한 자신의 강점이 될 수 있다.

내가 생각하는 나의 업무 능력에서의 강점은 빠른 판단력과 실행력이다. 이루고자 하는 목표에 있어서 필요한 부분이라고 생각이 되면 지체하지 않고 빠르게 실행해 본다. 그리고 성과를 본다. 긍정적인 성과, 부정적인 성과 모든 면을 고려해 이게 본질에서 벗어나고 있는 건지 맞게 가는 것인지를 빠르게 판단해 본다. 그런 후에 어떻게 나아가야 할지 다시 계획을 짜보는 것이다. 이런 능력은 사실 내가 사업을 하는 데 매우 유리한 강점으로 작용했다고 볼 수 있다. 창업하고 사업을 운영하는 데 필요한 능력이 이런 것만은 아니다. 당신이 생각하는 당신의 뛰어난 업무 관련 능력은 무엇인가?

자신이 좋아하는 것에서 찾아볼 수도 있다.

나는 아이디어를 내고 기획하는 것을 좋아한다. 아이디어를 내는 것은 어릴 때부터 잘했다. 아이디어를 내고 실행할 수 있도록 방법을 계획하는 것, 그리고 계획이 완수되었을 때 느낄 수 있는 성취감을 좋아한다. 당신이 좋아하는 것에 대해서 곰곰이 생각해 보자. 그것을 하고 있을 때 재밌고, 당장 이익이 생기지 않아도 할 수 있을 만큼 좋아하는 것을 고민해 보자. 먹는 것을 잘하고 많이 먹는 강점을 가진 사람이 먹방 유튜버로 큰돈을 벌고 성공할 수 있는 시대이다.

최근에 깨달은 내가 좋아하는 것은 사람들에게 내가 가진 경험을 나누고 나의 나눔으로 인해 다른 사람들에게 긍정적인 변화가 생기는 것을 보는 것을 정말 좋아한다는 것이다. 이 기쁨 또한 내 아이디어가 실현되었을 때 만큼이나 즐거움을 주었기 때문에 나는 나의 창업 경험들을 나눠야겠다 생각했다. 이것은 이 책을 쓰기로 결심하게 된 계기이기도 하다.

또 남들이 자신에게 칭찬하는 것에서 찾아볼 수도 있다.

나는 무대에 나가 이야기하는 것을 별로 어려워하지 않는다. 남들 앞에서 내 이야기하는 것을 두려워하지 않고 오히려 즐거워한다. 나는 내가 말을 잘한다고 생각해 본 적은 없었다. 나는 대학에서 디자인을 전공했는데, 디자인과의 전공 수업은 대부분 자신의 디자인 과제물에 대해서 앞에 나가 교수님과 학우들 앞에서 발표하는 것으로 채워진다. '디자인업'이라는 것이 클라이언트의 의뢰를 받아 진행하는 일이 대부분이기 때문에 점 하나 찍어 놓고도 어떤 의도로 내가 이렇게 디자인을 했는지 이야기하고 설득하는 과정이 매우 중요하기 때문이다.

그날도 그런 발표 수업을 마치고 친구와 함께 점심을 먹으러 가는 길이었다. 친구가 나에게 "너는 말을 참 재미있게 하는 것 같아." 하며 칭찬을 하는 것이다. 친구는 그냥 하는 말일 수 있겠지만 나는 그 말이 정말 좋았다. 그 말을 들은 뒤로 앞에 나가 하는 발표가 더 자신 있고 즐거워졌다. 아마 강연가가 되겠다고 결심한 부분에 이 친구의 칭찬이 매우 큰 부분을 차지하고 있을 것 같다. 당신이 들어본 칭찬에는 어떤 칭찬이 있을까? 생각이 안 나면 자신의 장점이 무엇인지 남편이나 부모님, 친구들에게 물어보자. 그리고 그런 장점을 어떤 상황에 느꼈는지도 물어보자.

그 밖에 자신이 남들보다 잘하는 것도 당연한 자신의 강점이 될 수 있다. 또 자신의 외모가 강점이 될 수도 있다. 대중에 노출되는 연예인들은 자신의 외모를 강점으로 활용하는 경우가 많이 있다. 연예인 중 키가 146cm로 작은 편인 개그우먼 박나래는 자신의 키를 강점으로 삼아 키가 큰 개그우먼 장도연과 함께 큰 키 작은 키 개그를 활용해 웃음을 주기도 한다. 또한 어떤 연예인은 자신의 뚱뚱함을 강점으로 큰 웃음을 주기도 한다.

자신의 강점을 알기 위해서는 이렇게 스스로 자신이 어떤 사람인지 파악하고 분석해 보는 방법도 있다. 하지만 최근에는 MBTI 테스트나 TCI(Temperament and Character Inventory) 성격 기질 검사와 같은 다양한 성격 검사도 많이 있다. 한번쯤은 이런 테스트를 통해 자신이 어떤 사람인지 정확하게 파악해 보는 것도 좋은 방법이라고 생각한다.

4-4 성공적인 창업을 위해 필요한 10가지 강점

창업이란 남들이 하지 않는 나만의 업을 만들어 가는 과정이다. 가 보지 않았던 길을 간다는 것은 어떤 일이 일어날지 어떤 결과가 나올지 예측할 수 없으므로 불안함을 동반한다는 특징이 있다. 적당한 불안은 인간에게 안전과 미래를 대비할 힘을 주지만, 불안이 지속되고 심해지면 악영향을 줄 수 있다. 성공적인 창업자들은 이런 불안을 잘 관리하고 대비하는 능력이 뛰어난 사람일 것이다.

가난했던 농부의 아들로 태어나 우리나라 최고이자 세계적 자동차 회사를 만든 자수성가형 창업가인 故 정주영 회장을 모르는 사람은 없을 것이다. 정주영 회장을 기억하는 사람들은 정 회장을 세계의 경제 흐름을 단시간에 파악하는 타고난 직관력, 복잡한 상황을 단순화해 해결하는 능력, 맡은 일을 끝까지 해내는 추진력이 타의 추종을 불허했던 인물로 기억한다고 한다. 자신이 계획을 얘기했을 때 안 된다는 대답이 돌아오면 "이봐, 해 봤어?"라는 말을 입버릇처럼 했던 그의 말은 이제 트레이드 마크로 남게 되었다. 이렇게 많은 사람이 불가능하다고 말한 것을 실현해 낸 그의 창업가적 기질은 지금까지도 창업을 꿈꾸고 사업을 영위하는 기업가들에게 엄청난 귀감이 되는 이야기로 전해지고 있다.

《성공하는 사람들의 7가지 습관》을 쓴 스티브 코비는 '성공하는 사람들의 12가지 강점'에서 1차적 강점과 2차적 강점에 관해 이야기하고 있다. 그가 말하는 1차적 강점이란 인간의 내면, 즉 성품의 문제를 말하며 2차적 강점은 겉모습, 외적인 성공, 지위나 인기 등을 말한다고 한다. 그리고 1차적 강점을 실현하며 이룬 삶, 1차적 강점을 실천하며 자연스럽게 따라온 것을 성공한 삶이라고 한다.

이렇게 창업이라는 힘든 과정을 잘 극복하기 위해서는 다양한 능력들이 필요하다. 나에게 이런 능력이 없다고 해도 좌절하지 말자. 인간은 습득하는 능력이 매우 뛰어난 동물이다. 이제부터라도 우리에게 부족한 점을 제대로 알고 발달시키면 된다.

성공적인 창업을 위해 우리가 갖추면 좋을 인간의 내면적 성품의 강점은 어떤 것이 있을까?

1. 성실성

성실성이란 책임감이 강하고 목표한 바를 이루기 위해 노력하는 성취 지향적인 성질을 말한다. 창업을 시작하면 스스로 약속한 시각에 일을 시작해야 한다. 당장 성과가 나지 않을 수도 있다. 하지만 내가 하기로 한 약속은 꾸준히 이루어 나가야 한다. 꾸준한 자세는 곧 신뢰로 이어진다. 창업자가 꼭 갖춰야 할 덕목이다.

2. 책임감

책임감이란 맡아서 해야 할 임무나 의무를 중요하게 여기는 마음이다. 내가 스스로 선택하고 실행한 일은 끝까지 완수하여 결과를 얻어내야만 한다. 실행하고 얻어낸 결과를 다음 단계로 성장시킬 수 있는 능력도 창업자가 꼭 갖춰야 할 강점이다.

3. 긍정적인 사고

사건이나 본질의 밝은 면을 보려는 긍정적 사고 능력도 창업자가 갖춰야 할 중요한 강점이다. 창업하는 과정은 어쩌면 '실패의 경험으로 쌓아 올린 성' 같다고 표현할 수 있다. 다양한 실패의 경험 속에서 긍정적인 면을 발견하는 것, 그것을 기회로 삼고 다시 앞으로 나아갈 수 있는 능력. 창업가에게 꼭 필요한 강점이다.

4. 다양성의 인정

급변하는 시대에 살아가고 있다. 인터넷의 발달로 세계 오지에 있는 사람들의 근황까지도 당장 알 수 있는 시대이다. 이런 시대에 새롭고 낯선 문화에 대한 포용력, 다양성을 인정하는 자세는 꼭 필요하다. 다양성을 인정하고 배우려는 자세에서 창업가들은 새로운 기회를 포착할 수 있다.

5. 유연한 사고

창업을 한다는 것은 불확실성과의 싸움이다. 내가 아무리 완벽한 계획을 세웠다 하더라도 내 예측은 언제든지 틀릴 수 있다. 창업가는 늘 변화하는 환경에 적응할 수 있어야 한다.

6. 창의성

창의성은 새로운 생각이나 개념을 발견하는 것 또는 기존에 있던 생각이나 개념들을 조합하여 새로이 생각해 내는 특성을 말한다. 창의성은 창업 아이디어를 개발할 때만 필요한 개념이 아니다. 창업 초기 부족한 자금과 열악한 환경에서 최대한 효율적으로 업무를 처리하는 방법을 고안하는 것 또한 창의성이 필요한 부분이다. 특히 한정된 시간에 일해야 하는 엄마 창업가들에게 특히나 필요한 능력이다.

7. 회복 탄력성

회복 탄력성이란 실패하거나 좌절하더라도 빠르게 다시 일어설 수 있는 능력을 말한다. 실패 한 번 하지 않고 성공하는 사람은 없다. 하지만 똑같은 실패에도 쉽게 좌절하고 포기하는 사람이 있는 반면, 다시 도전하여 성공에 이르는 사람도 있다. 회복 탄력성이 좋은 사람은 긍정적으로 사고하고 자기 자신의 감정을 존중하고 자신을 사랑한다. 이런 이들은 빠른 회복 탄력성을 가지고 있다.

8. 공감 능력

공감 능력은 다른 사람의 감정이나 상황을 자신의 것처럼 이해하고 느낄 수 있는 능력을 말한다. 동료 창업가나 거래처, 혹은 직원, 소비자 등 다양한 사람들과 상대해야 하는 창업자에게 공감 능력 또한 필요한 요소이다. 공감 능력은 상대를 이해하는 데서 시작한다.

9. 도덕성

경제 개발 시대의 기업가들에게 도덕성은 경제적 성과와 비교하면 중요하게 여기지 않던 항목이었다. 하지만 최근에는 이 도덕성은 매우 중요한 문제가 되고 있다. 예를 들면 한 대기업이 대리점에 강매하여 폭리를 취한다거나 허위 코로나 예방 기능 등을 내세운 것이 들통나 기업의 존폐 위기까지 갔던 사례가 있다. 기업가들에게도 ESG[4]와 같은 가치 경영의 방법론이 확산하며 도덕성이 점차 중요해지고 있다.

10. 소통

기업의 환경이 수직적 체계에서 점차 수평적 문화로 변화하고 있다. 창업가 혼자서 끌어가는 환경이 아니라 다양한 분야에서 다양한 능력을 갖춘 사람들이 협력하고 있고, 이들이 서로의 강점을 보완하며 성장하는 환경으로 변화하고 있다. 타인의 의견을 잘 경청하고 받아들이며 자신의 의견도 정확하게 전달하면서 문제를 해결해 나가는 능력 또한 창업가가 갖춰야 할 능력이다.

이 중에서 내가 가장 중요하게 생각하는 능력은 바로 회복 탄력성이다. 사업가 중에서 한 번의 도전으로 성공한 사례는 거의 없다. 나도 대

---

[4] ESG는 Environmental(환경), Social(사회), Governance(지배 구조)의 첫 글자를 조합한 단어로 기업의 친환경 경영, 사회적 책임, 투명한 지배 구조 등을 의미한다.

학 시절부터 여러 번의 도전 끝에 무수한 실패를 경험했고, 지금까지도 성장을 위한 도전을 멈추지 않고 있다. 이때 필요한 것이 바로 회복 탄력성이다. 무수한 실패의 경험을 통해 자신이 무엇이 부족한지 깨닫고 이것을 보완하면서 다시 성장의 기회로 삼을 수 있는 생각의 전환 능력. 이것 또한 회복 탄력성이다. 실패를 잘 다스릴 줄 아는 것, 실패 이후 '난 안 되는 사람이구나.' 하고는 거기서 멈추지 않는 것, 그것이 가장 중요하다. 멈춰버리면 나의 성장과 성공의 기회는 다시 찾아오지 않기 때문이다.

이 밖에도 겸손, 정직, 배려, 봉사하는 마음, 용기, 실행력, 판단력, 도덕성 등 여러 가지 능력이 필요한 것이 창업이다. 그리고 여기서 내가 말하지 않은 마지막 중요한 능력이 있다.

그것은 바로 '자신에 대한 믿음'이다. 자신이 걸어가려는 길을 의심하지 마라. 아무도 당신의 편에 서지 않을 수도 있다. 내가 스스로 굳건한 나의 편이 되어야 한다. 당당해야 한다. 당신 자신을 믿어라. 당신은 할 수 있는 사람이다.

4-5 '엄마'의 경험이 강점이 될 수 있다

여성이라면 모두 가지고 태어난 특권이 있다. 바로 출산을 할 수 있다는 것이다. 출산과 육아의 고통, 반대로 아이에 대한 무한한 사랑이라는 감정 사이에서 삶의 균형을 스스로 찾아가는 경험은 엄마들만이 할 수 있는 특별한 성장의 기회이다. 세상의 많은 여성이 엄마로의 진화 과정을 거치며 자기 자신만의 아픔을 이겨내고 깨달음을 얻으며 성장하고 있다.

프랑스의 소설가 빅토르 위고는 '여자는 약하다. 그렇지만 어머니는 강하다.'라는 말을 했다. 자식에 베푸는 본능적인 애정과 조건 없는 사랑과 희생은 자식을 낳아 본 어머니만이 할 수 있는 절대적 가치이다. 그러므로 자식을 위해서라면 초인적인 힘도 발휘하는 것이 어머니가 아닐까 싶다. 빅토르 위고는 이런 숭고한 모성애를 찬양하는 의미로 이런 말을 했을지 모른다. 하지만 이는 그냥 하는 이야기가 아니다. 진짜로 '자녀를 낳은 여성이 인지적으로 더 뛰어나다.'라는 연구 결과도 있다.

　리치몬드대학 신경과학과 크레이그 킨슬리(Craig Kinsley) 박사는 '엄마가 당신을 더 똑똑하게 만드는 방법'이라는 인터뷰에서 이렇게 밝혔다. 그는 자녀를 낳은 여성이 인지적으로 더 뛰어나다는 주장을 뒷받침하기 위해 어미 쥐와 어미가 아닌 암컷 쥐를 대상으로 실험을 했다. 먼저 새끼 쥐를 미로에 가뒀을 때 처녀 쥐는 관심이 없거나 더 멀리 도망가지만, 어미 쥐는 미로를 빠르게 완성하여 새끼 쥐를 찾는 데 성공했다. 또한, 먹이를 찾는 과정에서도 더욱 빠르게 먹이를 찾아 돌아왔고, 스트레스를 받는 상황에서 오히려 두려움을 느끼지 않고 효율적으로 행동했다. 침입자가 있거나 위협을 느꼈을 때 빠르게 위험이나 적대감, 혐오감 등의 감정을 인식하며 공격적으로 행동하였다. 실제로 엄마와 엄마가 아닌 쥐가 사고할 때 뉴런의 가짓수를 측정하는 실험을 했는데, 엄마 쥐의 뇌가 기억 작업을 파악하기 위해 더 많은 뇌 영역을 사용한다는 연구 결과도 있다.[5]

　엄마들은 갑자기 생겨난 세상에 없던 아기를 10개월 동안 몸 안에 품고, 몸을 관리하며 좋은 생각을 하고 아기가 세상에 잘 나갈 수 있게 준비를 한다. 그리고 출산이라는 고통 속에 이 작은 아기를 세상 밖에 선보인다. 세상에 나온 아기는 너무 미숙해서 엄마가 잘 먹이고, 잘 관리하고, 잘 가르치지 않으면 안 된다. 처음 만난 세상에 적응해야 하는 아기도, 이런 경험이 처음인 엄마도 서로 모르는 것 투성이다. 이 과정에서 엄마와 아기는 함께 시행착오를 경험하고, 함께 이겨내며 성장한다.

---

[5] https://www.smithsonianmag.com/innovation/how-motherhood-makes-you-smarter-55995649/

이렇게 성장한 아기는 성숙한 어른이 되어 다시 세상에 이바지하는 멋진 어른으로 성장할 것이다. 이 과정에서 엄마는 엄마가 아니었으면 경험할 수 없었을 다양한 경험들을 하게 되고, 이는 새로운 인지 경험의 확장을 가져올 것이다.

이 출산과 육아의 과정을 창업에 비유해 보면 어떨까? 세상에 없던 아기라는 존재는 나의 아이디어이다. 세상에 존재하지 않던 나의 아이디어에 숨을 불어 넣고 생명을 선사해 세상에 존재하게 하는, 그리고 그 아이디어가 많은 사람에게 영향력을 주고 사람들의 삶을 풍요롭게 해 줄 수 있도록 하는 엄마라는 창업자. 어떤가? 창업자와 엄마는 너무 닮아 있지 않은가?

그런 이유에선지 엄마 창업자들은 각자의 공통을 이겨내는 과정에 자신만의 시선으로 새로운 발견을 하며 성공의 길로 나아가고 있는 경우가 많다.

엄마라는 경험은 창업할 수 있는 강점을 만들어 낼 수 있는 좋은 환경을 제공하고 있는데, 그 강점은 다음과 같다.

1. 인내심

창업 아이디어가 세상에서 온전한 기능을 하며 활동할 수 있게 만들기까지는 많은 시행착오와 실패의 경험을 극복하고 작은 성공을 축적하여 만들어 내는 과정이 있다. 이 과정에서 창업자는 포기하지 않고 좌절을 극복하며 끊임없이 재도전하며 인내해야 한다. 이런 과정은 마치 한 아이를 성숙한 어른으로 키우는 육아 과정과 유사하다. 모든 엄마는 이런 인내심이라는 강점이 있다.

2. 희생정신

창업 아이디어가 성장하는 과정에서는 내 노력에 대한 대가가 없을 가능성이 크다. 이 과정에서 창업가는 자신의 노력, 시간, 비용에 대한 희생을 염두에 두지 않고서는 창업을 지속하기 어렵다. 육아의 과정 또한 마찬가지이다. 아이가 자라 뭔가를 해 주리라 대가를 바라고 육아를 하는 엄마들은 없다. 엄마의 희생정신을 통한 아이의 건강한 성장, 이것은 창업자가 내 아이디어의 성장을 위해 갖춰야 할 중요한 요소이다.

3. 문제 해결 능력

문제 해결 능력이란 업무 수행 중 발생 하는 여러 문제를 창조적, 논리적, 비판적 사고를 하며, 적절히 해결하는 능력을 말한다. 창업하는 과정에서 예기치 못한 사건 사고는 필수 불가결한 요소이다. 이 과정을 어떻게 창의적이고 유연하게 극복하느냐가 창업의 성패를 좌우한다고 볼 수 있다. 한 아이를 성장시키는 과정 또한 사건 사고의 연속이다. 엄마들은 육아라는 경험을 통해서 예기치 못한 사건 사고를 해결하고 극복해 나가는 과정을 경험한다. 이 과정에서 문제 해결 능력은 발전할 수밖에 없다. '여자는 약하지만, 엄마는 강하다.'라는 말이 괜히 나온 말이 아니다.

4. 육아 경험

경제적 성공을 이룬 창업자들의 특징은 대중의 불편을 해소하고 많은 이들의 공감을 얻어낸 아이디어를 성공적으로 세상에 내놓았다는 공통점이 있다. 이는 자신의 경험에서 발견한 아이디어에서 시작한 경우가 많다. 육아는 다양한 불편함을 일으키고 그 경험을 해결하는 과정에서 새로운 창업 아이디어가 생겨날 수 있다. 지구의 80억 인구 중 약 절반은 여성이고, 그중 많은 여성이 출산과 육아를 경험한다. 이들은 잠재적인 나의 고객이 될 수 있는 엄청난 시장이다.

5. 미래 세대를 위한 시야

최근 창업 트렌드는 단연코 지구의 지속 가능성이다. 눈앞에 다가온 기후 위기의 재앙 속에서 지구의 종말은 곧 미래 세대의 종말을 이야기한다. 미래 세대의 주역인 내 아이가 살아갈 환경에 대해 엄마들은 더욱 진정성을 가지고 바라볼 수밖에 없다. 내 아이들을 위한 환경에 관한 관심으로 더욱 세심한 관찰과 그를 통한 해결 방법은 엄마들이 더 잘 찾아낼 수 있다.

작년에 내가 만난 엄마 창업자들은 사회적 기업 예비 창업자 지원 사업 과정을 거쳐서 초기 창업자 지원 사업 과정에 도전하였다. 예비 창업자 과정에서 초기 창업자 과정은 엄마 창업자뿐만 아니라 일반인 또는 대학생 창업자들도 도전하는 경쟁률이 매우 높은, 쉽지 않은 도전이었다. 그런데 이 도전에서 엄마 창업자들 모두가 초기 창업자 과정에 선정되는 엄청난 결과를 거두었다. 물론 엄마 창업자들의 빛나는 아이디어 때문이겠지만 나는 이 엄마 창업자들의 육아 전쟁을 극복하고 얻어낸 진정성이 전달된 결과가 아니었을까 한다.

엄마들만이 가지고 있는 경험을 통해 세상을 변화시킬 수 있는 새로운 아이디어를 만들어 낼 수 있다.

4-6 나는 어떤 유형의 창업을 할 수 있을까

"엄마들이 사용하기 편한 가방을 만들어 창업하고 싶어요."

재작년 나에게 찾아온 한 엄마 창업가의 멘토링 요청이었다. 지역의 여성직업훈련센터를 통해 멘토링을 받다가 가방 관련한 창업 아이템으로 인해 나에게까지 오게 된 케이스였다. 그녀는 원래 중학교 때부터 무용을 시작해 무용 전공으로 박사 수료까지 한 현대 무용 전문가였다. 하지만 결혼을 하고 아이를 낳고 나서 무용을 더는 할 수 없을 것이라 단정 짓고 살아온 터였다.

그러다가 아이들과 놀이터를 다니다가 놀이터에 가지고 갈 만한 엄마들만을 위한 기능성 가방이 없는 것을 불편하게 여기게 되었다. 그래서 자신이 이런 가방을 만들어 봐야겠다고 생각하고 창업을 결심하게 되었다고 했다.

가방 창업이란 것은 기본적으로 제조업이다. 내가 직접 제조를 하지 않고 OEM[6]으로 제작한다고 하더라도 제품을 만들어 판매하는 일이다. 제품을 판매한다는 것은 브랜딩이 필요하고, 디자인, 생산, 판매, 배송, 고객 상담, 물류 관리, 영업까지 전부 해야 한다는 뜻이기도 하다. 더구나 자체 제작 제품 판매는 내가 먼저 금액을 선투자해 제품을 만들어 놓고 팔리지 않으면 전부 재고로 떠안아야 하는 위험성이 큰 사업이다. 그런데 내가 가까이서 지켜본 그녀는 사실 가방 사업을 할 수 있을 것 같은 성향이 아니었다.

가방도 일종의 패션 산업이다. 내가 봤을 때 패션 산업에서 성공하는 사람들은 기본적으로 쇼핑을 매우 좋아하거나 자신을 꾸미는 것을 매우 좋아한다. 자신을 꾸미고 가꾸는 게 너무 즐거워야 직접 가방을 만드는 것도 즐거울 수 있다. 그런데 그녀는 쇼핑을 딱히 좋아하는 것도 아닌 것처럼 보였고, 자신을 꾸미거나 치장하는 것에 남들 이상의 특별한 특기가 있어 보이지도 않았다. 특히나 가방 디자인이나 제조와 관련하여 사전에 어떠한 경험도 없었기 때문에 그녀가 사업을 지속해서 할 수 있을 것 같다는 생각이 들지 않았다.

나는 그녀가 지금까지 해온 무용이라는 특기가 너무 아깝다고 생각했다. 그녀는 자신이 경력 단절 후 느낀 우울함을 명상이라는 과정을 통해 극복하게 되었다는 이야기를 항상 해왔는데, 나는 그 이야기가 매우 매력적이라는 생각이 들었다. 그녀가 명상을 통해 우울증을 극복한 자신의 이야기와 무용 전문가라는 특기를 살려 '움직임과 자기 돌봄'이라는 주제로 그녀만의 콘텐츠를 만들어 보면 어떨지 제안했다.

---

[6] OEM은 Original Equipment Manufacturer의 약자로 주문자의 의뢰에 따라 주문자의 상표를 부착하여 판매할 상품을 제작하는 생산 방식을 말함

결과는 대성공이었다. 그녀는 오랜만에 도전한 무용과 명상을 이용한 공연을 문화프로그램 지원 사업을 통해 멋지게 성공시켰다. 그 일로 인해 무용에 대한 자신감과 즐거움을 다시 찾게 되었다. 그리고 현재는 자신의 잊고 있었던 예술적 재능에 몇 년간 깨달은 인생 스토리를 접목한 새로운 콘텐츠를 개발하기 위해 새롭게 도전하고 있다. 그녀는 자신의 몸에 꼭 맞는 옷을 입은 듯 자신감을 되찾았다. 자신이 다시 무용을 할 수 있을 거라고 생각하지 못했었다고 했다.

그녀는 사실 기업가가 되고 싶다기보다는 자신의 낮아진 자존감을 새로운 도전을 통해 극복해 보고 싶었던 거였다. 그녀는 제조업보다 자신의 콘텐츠를 통한 퍼스널 브랜딩이 더 잘 맞았다. 그간 내면에는 무용을 다시 해 보고 싶다는 의지가 살아있었지만 자신의 현실과 타협하며 대체할 것을 찾다 보니 항상 만족스럽지 않았던 것이다.

흔히 창업이란 직원을 거느리고 큰 매출을 일으키는 기업을 만드는 것이라고만 생각하기 쉽다. 하지만 자신의 힘으로 일군 모든 영리 활동을 창업이라고 할 수 있다. 사람의 기질에 따라 자신의 적성에 맞는 창업 유형을 먼저 알고 창업을 준비하게 되면 시행착오나 실패의 확률을 줄일 수 있고, 더욱 만족스러운 창업으로 연결될 수 있다.

창업자의 기질이나 창업의 방식을 고려하여 여성 그리고 엄마들이 할 수 있는 스타트업을 5가지 창업 방법으로 분류해 보았다. 이를 참고하여 나는 어떤 유형의 창업이 적합한지 한번 고민해 보자. 나에게 적합한 유형을 잘 찾아 실패 확률을 줄일 수 있는 신중함을 갖추는 것도 창업가가 갖춰야 하는 자세이다.

스타트업 유형

- **스타트업이란:** 스타트업(start-up)이란 설립한 지 얼마 되지 않은 '신생 창업 기업'을 뜻한다. 혁신적인 기술과 아이디어를 보유하고 자신의 종잣돈으로 시작해서 투자 유치를 통해 확장해 나가는 기업들이 많다. 스타트업과 개인 사업의 차이는 기존 제품의 서비스와는 차별화된 새로운 아이디어를 가지고 회사를 시작하려는 단계이냐 아니냐의 차이일 뿐, 회사의 운영 방식의 차이를 말하는 것이 아니다. 보통 기술 창업, IT 창업 등의 유형이 많다.

- **스타트업 창업자들의 보편적인 기질:** 스타트업은 대부분 팀을 이루어 시작하고 개인의 비용으로는 실행하기 어려운 규모의 아이디어가 많으므로 반복적인 민간 또는 기관 투자를 유치하며 확장해 나가는 경우가 많다. 큰 규모의 기업 확장을 기대하고 시작하는 경우가 대부분이라 도전적이고 모험적인 성향의 창업가들이 많다. 또한, 창업 초반부터 팀을 운영하고 관리해야 하므로 소통을 잘하고 팀 활동에 능숙한 창업가들이 많다. 특히 대중의 빠른 변화와 투자자들의 요구에 즉각 반응하고 변화해야 하는 유연성을 가지고 있어야 한다. 작은 아이디어로부터 팀과 투자자들을 설득하는 과정을 통해 이끌어 나가야 하므로 스타트업 창업자의 리더십은 팀과 기업의 지속성에 매우 중요한 역할을 차지한다. 사람들과 잘 소통하고 유연하며 도전적이고 모험적인 성향에 회복 탄력성이 강한 유형의 사람은 스타트업 창업자로 도전해 볼만하다. 본인이 아이디어를 가지고 있다면 창업자가 되어 볼 수도 있고 아니라면 스타트업에 취업해 경험해 볼 수도 있다. 로켓펀치(https://www.rocketpunch.com/) 같은 플랫폼에는 스타트업 구인·구직이 활성화되어 있다.

1인 창업가 유형

- **1인 창업가:** 1인 창조기업 육성에 관한 법률 제2조에서 다음과 같이 정의한다.

"'1인 창조기업'이란 창의성과 전문성을 갖춘 1인 또는 5인 미만의 공동사업자로서 상시근로자 없이 사업을 영위하는 자(부동산업 등 대통령령으로 정하는 업종을 영위하는 자는 제외한다)를 말한다."

다시 말해 자신만이 가지고 있는 전문성을 활용해 영업 활동과 관리, 서비스 제공까지 모두 혼자서 또는 5인 이하의 적은 직원만으로 운영하는 창업자를 1인 창업자라고 한다. 자신이 가지고 있는 전문적인 지식을 활용해 창업할 수 있으므로 비교적 소자본으로 할 수 있으며 자기가 곧 회사이므로 시간과 근무 환경을 자유롭게 조절할 수 있다. 최근에는 온라인 산업의 활성화로 쉽게 도전해 볼 수 있어 많은 이들이 도전하고 있는 창업 유형이다.

- **1인 창업가의 보편적인 기질:** 자신이 지식이 곧 사업 아이템이므로 확실한 전문성을 가지고 있거나, 다년간의 공부와 경험을 통해 노하우를 축적한다면 창업할 수 있는 분야이다. 이 경우 자신의 전문 분야에 대한 지속적인 전문성 심화가 중요하므로 끊임없는 자기 계발과 공부가 중요하다. 혼자서 모든 일을 다 해야 하는 경우가 많아 철저한 자기 관리가 되지 않으면 지속하기 힘든 분야이다. 높은 성실성과 책임감, 정해진 시간에 다양한 업무를 혼자 다 해결해야 하는 데 필요한 업무 창의성을 갖추고 있다면 도전해 볼 만한 창업 유형이다. 개인적 자율성을 중요시하고 자신이 전문성을 갖추고 있다고 한다면 이 유형이 적합하다.

에이전시형 프리랜서

● **에이전시형 프리랜서:** 자신의 기술이 특정 기업에 속하는 것이 아니라 사회적으로 독립되어 활동하는 개인을 말한다. 회사 내부에 속하지 않고 외부에서 활동하여도 운영 가능한 기술을 가지고 있는 경우가 많으므로 최근에는 IT 관련한 에이전시 프리랜서들이 많다. 1인 창업가와 비슷한 유형이긴 하지만 지식의 스펙트럼이 눈으로 보이는 기술을 확보한 점이 1인 창업가와 다르다. 에이전시형 프리랜서는 기획을 통한 수익 구조를 만들어 내며 대부분 클라이언트의 의뢰를 받아 진행하는 구조로 수익을 창출하기 때문에 거래 고객 확보가 가장 중요한 요소이다. 자신이 확실한 기술이 있고 고객이 있다면 당장에 수익을 창출할 수 있는 장점이 있다.

● **에이전시형 프리랜서의 보편적인 기질:** 1인 창업가들과 마찬가지로 자신의 시간과 업무 처리 방식에 대한 자율성을 확보할 수 있는 유형이다. 다만 클라이언트의 의뢰로 수익을 창출하는 방식이기 때문에 다양한 클라이언트 요구 조건과 소통 방식을 이해할 수 있는 이해심과 사고의 유연성이 매우 중요하다. 또한, 클라이언트가 요구하는 마감일을 맞추기 위해서는 밤샘 작업이 필요한 경우도 많아 규칙적인 생활이 불가한 예도 있다. 자신이 하는 일의 양이 곧 수익이 되므로 수익이 불규칙할 수 있다. 이런 불규칙성도 잘 받아들일 수 있는 여유로운 마음과 끈기, 포용력과 이해력이 높은 사람이라면 에이전시형 프리랜서 유형도 적합하다.

자영업·소상공인 유형

- **자영업, 소상공인 특징:** 자영업이란 금전적 이익을 목적으로 자신의 사업을 경영하는 사업자를 말한다. 상시근로자 기준 제조업, 건설업, 운송업은 10인 미만, 도소매업, 서비스업은 5인 미만의 사업자를 소상공인으로 분류한다. 소상공인은 일반적으로 거리에서 흔히 볼 수 있는 요식업이나 가게 등을 지칭하기도 한다. 특별한 아이디어나 기술이 없어도 일반적으로 시장에 진입하기 쉬운 제품이나 서비스를 활용하여 이익을 창출하는 경우이다. 새로운 아이디어나 지식을 쌓아야 하는 사업이 아닌 만큼 당장 시장에 적용해 볼 수 있어 시장에 진입하기가 다른 유형에 비해 쉬운 편이다. 엄마 창업가들이 쉽게 도전해 볼 수 있는 소상공인 창업으로는 스마트 스토어 창업 같은 것이 있다.

- **자영업, 소상공인 유형 창업가의 보편적 기질:** 자영업, 소상공인 창업은 낮은 실패 위험성 대신 낮은 수익이라는 특징이 있다. 당장의 아이디어는 없지만 빠르게 창업과 이윤을 창출하는 경험을 쌓아 볼 수 있다. 현재 시장에서 바로 적용해 볼 수 있으므로 시장의 흐름과 트렌드를 빠르게 알아챌 수 있는 안목이 있다면 도전해 볼 만한 유형이다. 또한, 자신이 특별한 취미나 관심을 가지고 활동하는 분야가 있다면 그 시장에 적합한 아이템을 활용해 볼 수도 있다. 제품 선정, 판매, 배송, 고객 관리 등을 전부 혼자 해야 하므로 빠른 업무 처리 능력과 업무의 성격이 다른 다양한 일을 쉽게 받아들일 수 있는 개방적인 사고를 필요로 한다.

크리에이터·인플루언서

● **크리에이터, 인플루언서 특징:** 크리에이터나 인플루언서란 SNS를 활용하여 자신만의 콘텐츠를 창조하면서 대중에게 영향력을 확신할 수 있는 창업 분야이다. 최근에 SNS의 발달로 인해 새롭게 주목받고 있다. 이름만 알려지면 유명 연예인 못지않은 대우와 이윤을 창출할 수 있어 대중의 인지도를 원하는 유형의 사람들이 많이 도전하고 있는 분야이다. SNS를 활용하고 콘텐츠를 생산하는 방법만 배우면 쉽게 접근할 수 있지만 이름을 알리기란 일반적인 접근법으로는 쉽지 않다.

● **크리에이터, 인플루언서 창업가의 보편적 기질:** 크리에이터, 인플루언서는 대중의 지지가 중요하다. 대중들의 눈에 띄어야 하므로 흡입력과 설득력을 포함한 창의적인 콘텐츠를 만들 수 있어야 한다. 인플루언서나 크리에이터는 일정 수준 이상의 팔로워를 확보하고 자신들의 확고한 팬층이 형성되어야 수익을 창출할 수 있다. 하지만 그 시기는 아무도 장담할 수 없다. 몇 년이고 인정받지 못하더라도 꾸준하게 콘텐츠를 생산해 낼 수 있는 끈기와 성실성이 매우 중요하다. 대중들이 필요로 하는 부분을 빠르고 정확히 집어낼 수 있어야 하며, 팔로우 수나 조회 수에 반응하지 않고 자신의 의지대로 밀고 나갈 수 있는 단호함과 자신감 또한 중요한 요소이다. 다른 사람들의 이목을 끌 수 있는 특별한 재능이 있거나 외적인 강점을 가진 분들이 활용해도 좋은 창업 방법이다. 다만 대중에게 자신의 개인적인 정보가 노출될 수 있으므로 이런 부분에 민감하지 않은 분들에게 적합할 수 있다.

05

창업 3단계
아이템 만들기

3RD STEP

차별화된 시각을 가지고
사업 기회를 포착하는 것은
창업 아이템 발굴 과정이다.

5-1 창업에서 아이템이란

　　우리가 창업하기로 결심을 하고 창업 관련한 교육을 받게 되었을 때 어김없이 들을 수 있는 단어가 있다. 바로 '기업가 정신'이란 용어이다. '기업가 정신(Entrepreneurship)'이란 다양한 견해가 있지만 일반적으로 '변화하는 환경 속에서 민감하게 대응하면서 기회를 추구하고 그 기회를 잡기 위해 혁신적인 사고와 행동을 하여, 시장에 새로운 가치를 창조하고자 하는 생각과 의지'를 말한다.

　쉽게 말해 창업이라는 기회를 포착하고 변화무쌍한 환경에서 꾸준히 밀고 나갈 수 있는 정신을 말한다. 창업가들은 대부분 자신의 환경에서 차별화된 시각을 가지고 사업의 기회를 포착하며 그것을 실현해 낸 사람들이라는 공통점이 있다. 사업의 기회를 포착한다는 것은 창업 아이템을 발굴하는 과정이다.

　나는 다섯 번의 창업까지 일관되게 가방이라는 아이템으로 도전해

왔다. 하지만 같은 아이템이어도 항상 같은 방법으로 도전한 것은 아니다. 첫 번째 창업에는 가방을 직접 만들고 디자인하는 경험을 쌓았다. 핸드메이드 디자인 가방이라는 아이템을 사람들에게 직접 판매해 보면서 고객들을 대하는 태도와 반응, 사업이라는 아주 기초적인 시스템을 배울 수 있는 계기가 되었다.

두 번째 창업 또한 나의 심리적 안정을 위한 단순한 의도로 시작했지만, 나는 여기서 사업적 기회라는 것을 발견했다. 바로 친환경이라는 아이템이었다. 헌 옷으로 가방을 만드는 과정을 통해 업사이클링이라는 아이템을 발견하게 되었고, 이것이 지구 환경에 도움이 된다는 사실을 알게 되었다. 비록 2010년도에는 지구 온난화와 지속 가능한 지구 환경에 관한 관심이 지금 만큼 많지 않았었지만 나는 지속 가능한 지구 환경과 관련한 아이템이 언젠가는 필수 요건이 되지 않을까 하는 직감이 발동했다. 그래서 친환경 가방 분야에 전문가가 되기로 결심했고 대학원에 진학해 더 깊이 있는 공부를 하고 본격적인 창업에 임하게 되었다.

결론적으로 이 생각은 아주 정확한 판단이었다. 이전까지 우리나라는 재활용 폐기물을 대부분 중국에 수출하고 있었다. 하지만 2018년도 중국에서 더는 폐기물을 수입하지 않기로 하고 우리나라에 2주간 전국에 쓰레기 처리 대란이 발생하였다. 이때 가장 문제가 되었던 폐기물이 일회용 플라스틱이었고, 이 사건을 계기로 사람들은 일회용 플라스틱에 대한 심각성을 온몸으로 깨닫게 되었다.

이 사건 이후 일회용 플라스틱의 재활용이라는 것이 창업 아이템계의 가장 큰 이슈가 되었고, 나는 이전부터 준비했었던 친환경 가방이라는 아이템을 가지고 재창업 도전에 성공했다. 왜냐하면, 내가 준비한 친환경 가방은 일회용 PET 플라스틱을 재활용한 원단으로 만든 맞춤 가방 아이템이었기 때문이다. 기업이나 정부 기관 등 단체들은 자신들의 홍보를 위해서는 언제나 기념품이라는 것을 제작하는데 이때까지만 해도 중국산 싸구려 에코백에 단순 로고를 넣는 기념품이 대부분이었다. 기념품은 대부분 맞춤으로 대량 생산되고 있으므로 나는 예쁘지도 않고 마구잡이로 생산되는 이런 싸구려 에코백은 쓰레기를 더 많이 발생시키는 주범 중에 하나라고 생각했다.

나는 이런 기념품 시장에 PET 플라스틱을 재활용해 만든 친환경 가방으로 대체해야겠다고 생각했다. 누구나 받아도 만족하고 예쁘면서 착하기까지 한 기념품 말이다. 재활용률도 높이고 버려지지 않을 좋은 가방을 만들어 폐기물을 낮추는 것, 그게 우리 회사의 소셜 미션(Social Mission)[7]이며 현재까지 유지되고 있는 아이템이다.

이렇듯 창업 아이템은 창업의 성패를 결정짓는 요인이 되고 창업을 시작하기 위한 최소 근간이 된다. 당신이 살아가며 경험하는 모든 것들은 창업 아이템이 될 수 있다. 좋은 아이템을 선정하는 데는 다음과 같은 요소들이 포함되어 있다.

---

7) 사회적 기업가 정신, 우리 사회가 직면한 문제를 해결하겠다는 기업의 의지

좋은 아이템이란

많은 사람의 불편을 줄여 줄 수 있는 아이템

대중의 불편함을 해결하는 방법을 생각하다 보면 좋은 창업 아이템이 발견될 수 있다. 아이를 키우는 엄마들에게 끼니 때마다 가장 불편한 점이라면 단연코 '오늘은 뭐 차리지?'이다. 더구나 식자재 값이 오르고 직접 해 먹는 것보다 배달 음식을 사 먹는 게 오히려 저렴하게 느껴지는 요즘 1인분씩 소분하여 넣고 끓이기만 하면 완성되는 밀키트 시장이 폭발적으로 성장하고 있다. 레시피를 찾아보고 각 재료를 필요 이상으로 구매하거나, 간을 못 맞춰 맛없는 음식을 먹어야 할 필요도 없다. 밀키트를 한 번 경험한 엄마들은 이 편리함으로 인해 계속 구매할 수밖에 없다. 당신이 직접 겪고 있는 문제가 우리의 문제일 수 있다. 당신 곁의 불편함을 찾아보자!

사람들의 시간을 단축해 줄 수 있는 아이템

엄마들의 삶을 더욱 편리하게 바꿔 준 마켓컬리의 새벽 배송을 생각해 보자. 육아에 살림에 정신없이 돌아가는 일상에서 시장 갈 시간조차 내기 힘든 엄마들이 유일하게 정신 차릴 수 있는 시간은 아이들이 다 잠든 늦은 저녁 시간뿐이다. 내일 아침 아이들 아침거리가 없는데 자기 전 누워서 잠깐 검색하고 온라인으로 구매하면 아침 일찍 현관문 앞으로 신선한 식자재가 도착한다. 특히나 아이들에게는 자신이 먹는 것보다 더 건강하고 신선한 음식을 먹이고 싶은 엄마의 마음을 마켓컬리는 알고 있었다. 마켓컬리의 새벽 배송의 등장으로 엄마들의 시간을 단축하며 삶이 더욱 풍요로워졌다. 나의 생활을 관찰해 보자. 내가 불필요하게 낭비하고 있는 시간이 있다면, 그것을 줄이는 방법을 찾아보자.

확실한 구매자들이 존재하는 아이템

창업 과정에서 가장 어려운 것은 고객을 찾는 일이다. 매일같이 쏟아지는 신상품과 서비스의 경쟁 속에서 확실한 나만의 고객을 찾는 일은 너무 어렵다. 나만이 가지고 있는 취미 생활이나 특별한 관심사를 한번 찾아보자. 캠핑을 좋아한다면 캠핑을 좋아하는 사람들을 위한 아이템을 발굴해 볼 수 있다. 꽃을 좋아한다면 꽃을 좋아하는 사람들을 대상으로 하는 아이템을 발굴해 볼 수도 있다. 독서를 좋아한다면 독서와 관련된 아이템을 발굴해 볼 수도 있다. 당신의 취미 또한 사업 아이템이 될 수 있다. 당신이 재밌게 할 수 있는 것, 당신이 꾸준히 할 수 있는 것, 당신이 전문가로서 더 깊게 공부해 볼 수 있는 것 이런 것들을 한번 고민해 보자. 분명히 나와 같은 관심사를 가진 고객이 존재할 것이다.

꼭 새롭지 않아도 된다는 것 명심하기

우리는 글로벌 시대에 살고 있다. 해외에서 판매되는 제품도 '구매 대행'이라는 서비스를 통해 단 며칠이면 우리 집 앞에 도착하는 시대이다. 특히나 요즘과 같은 K-콘텐츠가 해외에서 주목을 받는 시대에 우리나라에서는 흔한 제품이 해외에서는 엄청난 신세계를 전달해 줄 수도 있다. 대표적인 예로 '호미'를 들 수 있다. 대부분 마당이 있고 정원 관리사라는 직업이 보편화되어 있을 정도로 정원 관리가 중요한 삶의 패턴인 해외 시장에서 삼각의 뾰족한 부분으로 땅을 쉽게 팔 수 있도록 고안되었으며 가볍고 저렴한 호미의 등장은 환호받을 수 밖에 없었다. 최근에는 미끄러지지 않도록 빨간색 고무가 부착된 미끄럼 방지 목장갑 또한 저렴하고 편리해서 해외 시장에서 불티나게 팔리고 있다고 한다. 육아의 경험을 통해서도 발견해 볼 수 있다. 우리나라에서 쉽게 쓰고 심지어 오래된 느낌이라 요즘 엄마들에게는 잘 쓰이지도 않는 포대기가 해외 시장에서는 엄마와 아이가 밀착할 수 있으며 가볍고 사용하기 편리하여 영어로도 '포대기(Podaegi)'라는 이름으로 팔리며 엄청난 인기를 끌고 있다. 우리가 옛날부터 익숙하게 사용해서 간과하는 물건에서도 기회는 포착될 수 있다. 우리의 전통이 해외에서는 새로움이듯.

사람들의 마음에 긍정적인 변화를 일으켜 주는 아이템

아이폰을 사는 사람들의 심리는 어떤 것일까? 나이키를 생각하면 어떤 이미지가 떠오르는가? 아이폰을 사는 사람들은 자신을 감성적이고 지적인 사람으로 인식한다고 한다. 나이키를 연상하면 도전하는 사람들, 열심히 땀 흘리며 운동하고 성취하는 사람들의 이미지가 떠오른다. 세계적으로 인정받고 오랜 기간 최정상을 유지하는 기업들의 특징을 보면 제품이 주는 기능성이나 편리함만 강조하지 않고 제품을 통해 소비자의 마음에 긍정적인 변화를 주는 회사들이다. 당신도 할 수 있다. 당신이 사람들에게 전달하고 싶은 긍정적인 가치가 무엇인가? 당신은 어떤 영향력을 주고 싶나? 당신의 마음의 소리에 귀 기울여 보자.

이 밖에도 좋은 창업 아이템을 결정하는 요소들은 많이 있다. 하지만 가장 중요한 것은 어떤 아이템이든 당신이 관찰하고 경험하고 생각하고 느낀 것들 모두가 창업 아이템이 될 수 있다는 점이다. 당신에게 가장 좋은 아이템은 당신으로부터 시작한다. 이제부터는 당신 주변의 모든 것들을 주의 깊게 살펴보자. 문제를 발견해 보자. 그리고 해결 방법을 생각해 보자. 그것부터 시작이다.

5-2 창업 아이템 발굴을 위한 창의력 훈련

⊙ 식빵, 뽁뽁이, 스테이플러 심을 이용하여 소리의 전달을 표현하시오.
⊙ 알이 기린이 되는 과정을 인공적으로 표현하시오.

여러분이라면 어떻게 표현해 보겠는가?

위 문항은 실제 미대 입시 실기 문항이다. 서로 다른 2~3가지의 아이템을 한 장의 도화지에 다양한 미술 도구를 활용해 자신만의 스토리로 표현하는 문제이다.

아나운서 시험도 마찬가지이다. 아나운서가 되면 일정 기간 동안 매일 선배 아나운서들이 제시하는 2가지의 전혀 엉뚱한 단어를 듣고 곧바로 1분 뉴스 기사를 말하는 훈련을 한다고 한다. 돌발 상황에 대비할 수 있는 순발력과 창의력을 만들기 위한 일종의 훈련인 셈이다.

태어날 때부터 뛰어난 창의력을 가지고 태어나면 좋겠지만 애석하게도 우리 대부분은 후천적 노력을 통해 '창의'라는 것을 배운다.

위와 같은 훈련 기법을 '시네틱스(Synectics) 기법'이라고 한다. 서로 관련성이 없는 요소들의 결합을 의미한다. 실제로 비슷하지 않은 두 개념을 객관적으로 비교함으로써 현재 직면하고 있는 문제를 해결해 볼 수 있다. 이렇게 관련성이 없는 요소들을 결합하여 새로운 문제 해결법을 만들어 낼 수 있는 창의력 훈련은 다음과 같이 실행해 볼 수 있다.

① 2개의 통을 준비한다. 페트병의 윗 부분을 잘라 준비한다. 통에 각각 A, B를 적는다.
② A4 종이를 8등분으로 길게 잘라 30장 준비한다.
③ 15장에 관심사, 좋아하는 것, 할 수 있는 것, 하고 싶은 것, 미래 계획, 취미, 특기, 전공 등 당신과 관련된 것을 적는다. 안 보이게 접어 A통에 넣는다.
④ 나머지 15장에는 요즘 뉴스, 사회 문제, 트렌드, 나를 제외한 것 중에서 연상되는 것들을 적고 위와 마찬가지로 안 보이게 접어 B통에 넣는다.
⑤ 준비가 다 되었다면 A통과 B통에서 각 1개씩 종이를 꺼낸다.
⑥ 두 통에서 나온 단어를 연결 지어 스토리를 만들어 본다. 글을 써 봐도 좋고 그림을 그려도 좋다.

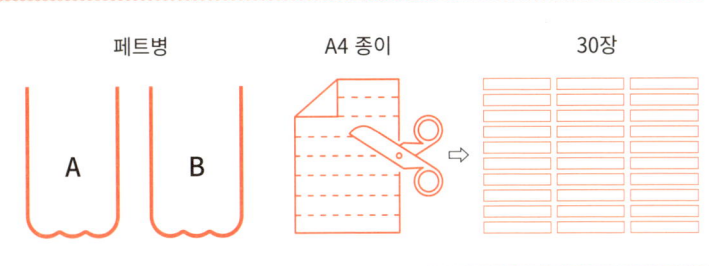

예시

	A. 개인적인 것	B. 나를 제외한 것들	연관 지어 말 짓기
1	다이어트	이스라엘	이스라엘 여행 유튜브 콘텐츠가 재미있다.
2	디자인	나는 솔로	고양이를 키우는 나는 솔로이다.
3	책 쓰기	아시안게임	아시안게임에 대한 책 쓰기 연구를 한다.
4	고양이	배달 앱	40대들이 배달 앱을 제일 많이 사용한다.
5	유튜브	장사	디자인 상품 장사는 인기가 많다.
6	TV	아이돌	내가 만든 김치찌개를 아이돌에게 선물한다.
7	김치찌개	챗GPT	챗GPT에게 다이어트 방법을 물어본다.
8	체력	취업	취업은 체력 싸움이다.
9	40대	심리 치료	TV에 나온 심리 치료 방법이 흥미롭다.

 A와 B에 적힌 것들이 많으면 많을수록 좋다. B의 단어들이 생각나지 않는다면 '블랙키위(https://blackkiwi.net/)' 같은 트렌드 검색 사이트를 활용해 볼 수도 있다.

 위와 같은 훈련을 매일 반복한다. 익숙해지면 통을 만들지 않고도 해 볼 수 있다. 눈앞에 보이는 것들과 내 관심사를 무작위로 연결 지어 상상해 본다. 나와 연관된 것, 나를 제외한 것 2가지 말고 동사나 형용사를 한 가지 추가해 3가지 단어를 연결 지어 보아도 좋다.

이 방법은 자유로운 사고를 할 수 있는 뇌 확장 훈련법이기도 하다. 이런 창의력 훈련법이 익숙해지면 무작위로 떠오르는 생각들이 서로 연결되어 전혀 새로운 아이디어로 재탄생하기도 한다. 아이들에게 적용해 보아도 좋은 훈련법이다.

나는 창업을 하기로 결심한 이후부터는 TV를 보거나 새로운 이야기를 들을 때마다 이 훈련을 반복했다. 내가 사는 지역에 포구가 있는데 이곳에서 필요한 창업 아이템을 상상해 보았다. 사람들은 빵을 좋아하고 우리 지역에는 포구가 있고 실제로 역사적인 대포 모형이 있다. 이를 연관 지어 대포빵이란 것을 개발해 관광 상품으로 하면 어떨까? 이때 연결된 것은 '빵'이라는 단어와 '포구'라는 단어이다. 이 두 가지를 연결해 보니 대포빵이라는 아이디어가 나왔다. 대포빵 하니 대포 모양의 빵틀에서 폭탄 같은 동그란 빵이 팡팡 튀어나오는 모습이 상상되었다. 귀엽지 않은가? 이 아이디어는 우리 남편은 별로라고 하지만 난 아직도 좋은 아이디어 같아 언젠가는 도전해 봐야겠다 생각하고 있다.

이 발상법 훈련을 지속하면 고정적인 사고에서 벗어나서 새로운 시각으로 사건과 사물을 바라볼 수 있는 능력이 길러질 수 있다. 다양한 시각으로 생각할 수 있는 능력이 길러지면 돌발 상황에서도 문제를 빠르게 해결할 수 있는 능력이 향상될 수 있다.

이 훈련법은 지속해서 엉뚱한 생각을 시도해 본다는 데 의미가 있다. 계속 연결하다 보면 다들 비웃는 이상한 아이디어가 나올 수도 있고, 어쩌면 당신을 새로운 유니콘 기업의 대표로 만들어 줄 기발한 아이디어가 탄생할 수도 있다.

우리의 생활에 혁명을 일으켜 준 위대한 발명은 바로 이런 엉뚱한 발상에서 시작되었다. 사람을 태운 거대한 물체가 새처럼 하늘을 날게 한다는 생각은 비행기라는 엄청난 운송 수단을 발명할 수 있게 했다. 직접 불을 켜지 않고 전자가 이동할 때 발생하는 에너지를 이용해 전구를 발명한 에디슨도 마찬가지이다. 모두가 비웃었던 일론 머스크의 인류의 화성 이주 계획이 어쩌면 죽어가는 지구에서 인류를 구원할 마지막 방법이 될지 누구도 알 수 없다.

 엉뚱한 이야기에 사람들이 비웃는다고 절대 기죽을 필요 없다. 내 아이디어를 비웃는 사람을 오히려 비웃어 주어라. 최대한 많은 상상을 하고 기록해 놓아라. 상상할 줄 아는 사람은 스스로 자신의 길을 개척할 수 있는 사람이다. 어떤 엉뚱한 상상이 당신을 성공으로 이끌어 줄지는 당신의 생각에 달려 있다.

5-3 나의 창업 아이템 만들어 보기

 8년째 독서 모임을 운영하는 한 엄마 창업가가 있다. 고등학교를 졸업하자마자 회사에 취업하고 이른 나이에 결혼하게 된 그녀였다. 그녀는 아이를 낳고 자신이 진짜 무엇을 원하는 사람인지 알고 싶다는 생각이 들었다. 자신의 마음을 알고 치유하고자 독서와 글쓰기를 시작했다. 책 안에 정답이 있었다. 다양한 책을 읽어 보며 자신의 내면에 있는 아이가 무엇을 원하는지 깨닫게 되었다. 독서라는 자기 돌봄 과정을 거쳐 자신이 진짜 좋아하는 것을 알게 된 것이다. 바로 꾸준한 독서와 실천을 통해 변화하고 성장하는 자기 삶의 모습이었다.
 그녀는 이런 마음을 많은 사람과 함께 하고 싶었다. 회사에 다니고 육아를 하면서도 3년이 넘는 시간 동안 무료로 독서 모임을 운영하다가 사람들이 제발 돈을 받고 모임을 하자고 할 지경이 되어서야 유료 모임을 결성하게 되었다고 했다. 현재는 회사를 그만두고 1인 창업가가 되어 8년 넘게 꾸준히 독서 모임 운영과 강연, 글쓰기까지 자신만의 영역을 넓혀 활동을 이어 나가고 있다.

아로마 세라피 전문 스튜디오를 운영하는 엄마 대표님은 출산 후 아이를 키우다 보니 경력이 단절되었다. 자신이 상상하던 삶과 현재 모습의 괴리에 우울함을 느끼기 시작했다. 그녀는 다시 삶의 에너지를 되찾고 싶었다. 자신이 좋아하는 향기라는 것을 통해 극복하기로 했다. 그녀는 다년간에 걸쳐 아로마 세러피스트 자격증을 획득하고 자신의 이야기를 담은 블로그 운영을 시작했다. 블로그에 적힌 그녀의 진솔한 이야기를 보고 강의 의뢰가 들어오기 시작했다. 현재는 사회적 기업가 육성 사업이라는 정부 지원 사업에 선정도 되고 기업가로서의 육성과 멘토링을 거쳐 1인 기업 창업에 성공하였다. 그녀는 향기라는 아이템을 통해 자신의 내면도 치유하고 아로마 세러피스트라는 전문성을 획득해 그녀만의 길을 만들어나가고 있다.

이렇듯 창업이란 것은 시작하면 몇 년이고 지속하여야 하는 나의 업이기 때문에 가장 좋은 것은 내가 잘할 수 있거나 좋아하는 나로부터 기인한 아이템이 가장 확실하고 좋은 아이템이다. 그리고 나의 기질에 맞는 방법의 창업 방식을 고려해 보는 것이 좋다.

창업에서 가장 중요한 것은 나에게 돈을 지불하는 고객을 필요로 한다는 점이다. 창업의 아이템을 정하는 방법을 가장 쉽게 요약하자면 내가 잘하는 것, 좋아하는 것, 할 수 있는 것들을 활용해 나의 고객의 불편함을 해결해 주는 것이다. 여기서 중요한 것은 내가 어떤 것을 잘하고, 좋아하고, 꾸준히 할 수 있는지를 파악하는 것, 내 고객이 어디 있는지 찾는 것, 그리고 고객의 불편함을 파악하고 해결해 주는 것, 이것이 창업 아이템을 만들어 내는 가장 확실한 방법이다. 우리가 앞장에서 열심히 훈련한 창의력 훈련법이 바로 여기에 필요한 것이다.

나의 아이템 만들기

1. 자신이 잘하는 것, 좋아하는 것, 꾸준히 할 수 있는 것을 파악해 본다.

전공일 수도 있고 취미일 수도 있다. 아니면 자신이 남들보다 특별히 좋아하는 것을 찾아볼 수도 있다. 꽃을 좋아할 수도 있고 예쁘게 화장하는 것을 좋아할 수도 있다. 좋아하는 것을 더 전문적으로 배워서 잘하는 것으로 만들어 볼 수도 있다. 가장 중요한 것은 대가가 주어지지 않아도, 누가 시키지 않아도 그냥 재밌어서 할 수 있는 것을 찾아내는 것이다.

2. 사람들이 불편하게 생각하는 점들을 해결해 줄 수 있을지 생각해 보자.

쉽게 생각이 나지 않는가? 그럼 내가 고객이라고 생각하고 내가 찾아낸 것을 할 때 불편하게 느꼈던 점을 한번 생각해 보자. 그것을 배우고 싶을 때 배울 수 있는 강사를 찾기가 어려웠다던가 그것을 구매하려고 할 때 너무 복잡한 방법으로 구매해야 해서 힘들었다던가 하는 것이다. 자신이 그것을 할 때 또는 하려고 할 때 모든 과정을 천천히 시간 순서대로 생각해 보자. 분명히 불편하거나 힘들었던 점이 있을 것이다.

불편한 점이 생각 안 난다고 아쉬워할 필요는 없다. 내가 찾은 것을 인터넷에 검색해 볼 수도 있다. 관련 카페나 커뮤니티에 가입하여 사람들에게 물어볼 수도 있다. 공통의 관심사를 가진 사람들을 유심히 관찰하자. 많은 사람이 불편함을 느끼는 점을 발견한다면 그것이 바로 창업의 기회일 수 있다.

3. 사회의 불편함을 해결해 볼 수도 있을 것이다.

최근에 가장 심각하고 중요시되는 사회 문제로는 저출산 문제, 환경 문제, 노인 빈곤, 건강 문제, 빈부 격차, 청년 실업, 장애인 문제 등이 있다. 이것 말고도 조금만 주위를 둘러보면 곳곳에 다양한 사회 문제들이 해결책을 기다리고 있다. 우리는 사회 속의 한 구성원이다. 내가 찾은 것으로 어떻게 사회 문제를 해결하면서 수익으로 연결해 볼 수 있을까 고민해 보자. 사회적 기업가는 이렇게 탄생한다.

내가 꾸준하고 대가 없이도 지속할 수 있는 것을 A, 그것과 관련된 불편함을 B로 두고 이것들을 모두 발견했다면 이제 창의력을 발휘할 때이다. A와 B를 다양한 방법으로 교차시켜 해결법을 찾아보자.

예시

- (A) 가방 만들기 x (B) 재활용이 안 되는 가방(환경 문제 야기)
  ⇒ 재활용되는 가방을 만들어 판매
- (A) 그림책 읽기 x (B) 경력 단절 엄마들의 심리 문제
  ⇒ 그림책 세러피를 통해 경력 단절 엄마들의 심리 치유 프로그램 제공
- (A) 악기 연주 x (B) 악기를 배우고 싶지만, 시간이나 비용이 적당하지 않은 사람들
  ⇒ 온라인 악기 연주 교육 프로그램을 만들어 공급
- (A) 꽃꽂이 x (B) 학교에 꽃을 가져갈 일이 많은데 학교 근처에 꽃가게가 없음
  ⇒ 꽃꽂이 강사 자격증 취득해 꽃가게 창업
- (A) 향기 x (B) 아이들 건강에 해를 끼치지 않는 디퓨저
  ⇒ 아로마 세러피를 공부해서 사람들에게 안전한 DIY 디퓨저 만드는 방법을 가르쳐 줌
- (A) 코딩 x (B) 학교에서 코딩 수업이 늘어나고 있는데 선생님은 부족한 현상
  ⇒ 코딩 강사 자격증을 취득해 코딩 전문 강사 되기

(A) 가방 만들기 x (B) 저품질 기념품이 낭비되는 현상, 환경 문제 야기
⇒ 재활용 소재로 만든 디자인 좋은 기념품

(A) 책 출간 x (B) 책을 쓰고 싶은데 어려워하는 사람들
⇒ 책 쓰기 전문 코칭 프로그램을 만들어 제공

(A) 집 꾸미고 사진 찍기 x (B) 어떻게 집을 예쁘게 꾸며야 하는지 모르는 사람들
⇒ 많은 사람에게 쉽게 집 꾸미는 방법을 SNS에 공유

창업자가 되기로 마음을 먹었다면 이제부터는 끊임없이 이 훈련을 반복하는 것이다. 열린 마음으로 고정관념을 버리고 나와 사회를 연결해 보자. 기회는 여러분이 만들수 있다.

5-4 더 쉽고 정확하게 아이템 선정을 도와주는 방법

    우리는 지금까지 아이템을 선정하기 위한 창의적 발상법 훈련과 아이템 선정 방법을 주제로 공부했다. 하지만 아무리 열린 마음으로 고정관념을 버리고 주변을 둘러본다고 해도 문제점이 잘 발견되지 않을 수 있다. 아니면 문제점은 발견되었고 어떻게 해결하면 좋을지도 알겠는데 그다음부터 어떻게 해야 할지 모르겠다 하시는 분들이 있을 것이다. 아니면 내가 뭘 잘할 수 있는지 뭘 좋아하는지도 모르겠다 하시는 분들도 있을 것이다. 그렇다면 시간이 좀 더 필요하다. 창업자가 되는 것은 하루아침에 되는 일이 아닐 수 있다.

    우리의 마음이 변화되고 습관으로 굳어지는 것은 최소 21일의 시간이 걸린다고 한다. 길게는 6개월 이상이 걸릴 수도 있을 것이다. 내 마음을 울리는 아이템이 딱 나타날 때까지 안테나를 세우고 나의 머리를 깨워 놔야 한다. 밥을 먹으면서도 쇼핑을 하면서도 운전을 하면서도 아이를 돌보면서도 문제점이 없나 관찰하고 나의 행동에 집중해야 한다. 그리고 기회를 포착하는 방법을 함께 해 보자.

1. 내 관심사와 유사한 관심 분야에서 이미 하고 있는 사람들을 찾아보자.

당신이 아무리 고심하고 연구해서 선정한 아이템이라도 그 아이템은 세상 어딘가에 이미 있는 것일 확률이 높다. 이미 사회에 나와 먼저 하고 있는 선배 창업자들을 한번 찾아보자. 내가 어떻게 할지 모르겠을 때 가장 쉽게 하는 방법은 다른 사람을 따라 해 보는 것이다. 나의 롤모델이 될 수도 있고 경쟁자가 될 수도 있다. 선배들의 방법, 방식, 행동, 패턴들을 조사해 보자.

2. 많은 경험을 쌓고 공부해 보자.

내가 무엇을 좋아하는지, 꾸준히 할 수 있는지 모르겠다면 어쩌면 조금 더 많은 경험이 필요한 시점일지도 모른다. 내가 무엇을 잘할 수 있는지 무엇을 하면 재밌는지 경험을 통해 알게 될 수도 있다. 지역마다 정부 기관 또는 비영리 민간 단체, 창업 교육 기관 등에서 지원해 주는 무료 또는 저가의 창업, 취업, 자기 개발 프로그램들이 있다. 큰돈을 투자하지 않아도 다양한 프로그램들을 활용해 나의 강점을 개발해 볼 수 있다. 실제로 내 주변에는 주부였다가 이런 지역 무료 창업 프로그램들을 시작으로 실제 창업까지 이어진 엄마 창업가들이 많이 있다.

3. 트렌드에 민감해져야 한다.

창업은 나 혼자만 하는 것이 아니다. 나에게 돈을 지급하는 고객들을 만족시켜야 하는 일이다. 고객의 흐름은 곧 사회의 흐름이 된다. 나의 예비 고객들이 어떤 것에 관심이 있는지, 어떤 것을 좋아하는지, 어떤 흐름으로 변화가 되고 있는지를 파악하는 일은 매우 중요하다. 아직 나의 고객군이 설정되지 않았더라도 이런 변화를 민감하게 파악하고 있는 것만으로도 새로운 기회가 보일 수 있다. 책, 방송, 콘텐츠, 기사뿐만이 아니라 숏폼 영상, 밈 같은 것들도 이제 나에게는 공부이다.

4. 예비 창업자들의 모임에도 참여해 보자.

처음 도전을 시작할 때는 막막하다. 어떤 길을 어떻게 내디뎌야 할지도 모르겠고 답답하다. 주변 사람들에게 얘기해도 괜히 돈 쓰지 말고 집에서 애나 보라고 한다. 그러다 보면 "에라, 나중에 하지 뭐!" 하는 생각이 올라오기 마련이다. 그럴 때는 예비창업자들의 모임을 찾아보자. 오픈 채팅방이나 카페, 모임 플랫폼 등을 통해 나와 비슷한 사람들을 찾아 함께해 보자. 함께 정보도 공유하고 마음이 맞는다면 팀이 되어 함께 창업할 수도 있다. 마라톤은 혼자 하는 운동 같아 보이지만 페이스메이커라는 팀원이 초반 경쟁에 함께 뛰어준다. 창업이라는 마라톤에서 함께 완주할 동료들을 찾아보자.

5. 컴퓨터 활용 능력을 개발해 보자.

나는 2001년도에 대학교에 들어갔다. 시각디자인과를 전공했지만 패션디자인이 더 좋아서 전과를 고민하기도 했었다. 하지만 이제는 컴퓨터를 모르면 안 될 것 같은 예감이 들어 시각디자인과를 포기하지 않고 텍스타일디자인을 복수 전공하는 선택을 했다. 그리고 그때 배운 컴퓨터 그래픽 프로그램을 지금까지도 아주 요긴하게 잘 활용하며 회사를 운영하고 있다.

지금은 그래픽 툴을 다룰 줄 몰라도 캔바나 망고보드 같은 프로그램을 이용해 최신 그래픽을 활용한 디자인을 할 수 있는 시대이다. 식스샵 같은 노코드 웹사이트(https://www.sixshop.com/)를 통해 홈페이지도 뚝딱 만들고, 동영상 편집도 프리미어 같은 어려운 프로그램을 몰라도 캔바를 이용해 엄청난 효과까지 넣어 핸드폰으로 뚝딱 편집하는 것이 가능해졌다.

사람들을 편리하고 더 쉽게 능력자로 만들어 줄 수 있는 다양한 프로그램들이 쏟아지고 있다. 또한, 이런 프로그램들을 쉽고 저렴한 비용에 배울 수 있는 온라인 강의들도 쏟아지고 있다. 이제는 어떤 프로그램을 활용해서 내 시간을 효율적으로 사용할 수 있는지가 중요한 시대이다. 이 프로그램 활용 능력을 개발해 내가 전문가가 될 수도 있다. 기회는 어디에나 있다.

6. 자신의 루틴을 만들어 보자.

창업가가 되면 당신이 지금까지 살아왔던 방식과는 완전히 다른 시간을 살게 될 것이다. 누가 시키지 않아도 같은 시간에 일어나서 업무를 시작해야 하고 누가 보고 있지 않아도 할 일을 찾아서 해야만 한다. 나도 회사에 다니다가 처음 창업했을 때는 자유로운 느낌이 좋아서 새벽까지 일하고 아침에 늦게 일어난다거나 기분이 안 좋다고 마음대로 휴무를 정하기도 했다. 그러다 보니 점점 불규칙한 생활이 습관화되면서 건강도 체력도 나빠지는 것을 느끼게 되었다. 엄마들이라면 더욱 그럴 것이다. 아이들과 남편 위주로 돌아가던 생활 방식을 갑자기 창업가의 패턴으로 맞추기는 쉽지 않을 것이다. 지금부터 훈련해 보자. 자신이 일하거나 공부할 수 있는 시간을 자신에게 맞게 설정하고 그 시간에는 자기에게 필요한 루틴을 정해 실천해 보자. 책을 읽는다거나 운동을 한다거나 온라인 강의를 들을 수도 있을 것이다. 지금부터 당신은 창업자이다. 창업자의 마인드로 자신의 루틴을 만들자.

06

창업 4단계

사업계획서 만들어 보기

4TH STEP

사업계획서를 통해 방향을 스스로 계획하고, 목표를 수치화하고, 의지를 다졌다.

6-1 사업계획서가 무엇일까?

　　　　예비 부부들이 결혼을 하기로 결심하면 가장 먼저 하는 일이 있다. 언제 어떤 식장에서 몇 명의 규모로 결혼식을 진행할지 결정하는 것이다. 그다음에 소위 '스드메'라고 하는 스튜디오 촬영, 드레스, 메이크업을 어떻게 할지 결정한다. 또한, 어떤 지역에 우리의 예산에 맞는 신혼집을 마련하고 신혼집에 들어갈 가구를 결정하고 신혼여행을 어디로 어떻게 갈 것인지 결정하는 것까지 많은 절차와 준비들이 필요하다. 이것들을 효율적이고 낭비 없게 진행할 수 있도록 결혼 계획을 도와주는 사람이라는 '웨딩플래너'를 찾아 도움을 요청한다.

　　나는 2015년에 논문을 준비하면서 고안한 '재활용이 가능한 단일 소재 가방'이라는 아이템으로 처음 세무서에 사업자등록증을 신청하고 본격적인 사업을 시작했다. 사업이란 것을 '예쁘고 품질 좋은 제품을 적당한 가격에 판매해 이윤을 창출하는 활동'이라고만 매우 단순하게 생각하고 시작했다. 그런데 창업이란 것을 시작하고 운영을 하려다 보니 제품을 판매하는 활동에 필요한 경영, 마케팅, 홍보, 영업, 고객 관리, 비전, 전략 등 많은 요소가 필요하다는 것을 깨달았다. 그리고 그런 것들을 제대로 생각해 보지 않고 닥치는 대로 일을 쳐내기에 바빴다. 전략이나 계획을 세울 생각도 못 했다. 결국, 2015년에 처음 설립한 회사는 3년 만에 문을 닫을 수밖에 없는 상황이 되었다.

그래서 나는 재창업을 하면서 가장 먼저 한 것이 사업 계획을 수립한 것이었다. 물론 지원 사업을 신청하기 위해 작성한 것이었지만 사업계획서를 작성한 것은 꽤 큰 도움이 되었다. 내가 가고자 하는 방향을 스스로 계획해 볼 수 있었고, 내 목표를 수치로 설정해서 목표 달성에 대한 의지를 다져 볼 수도 있었다. 또한, 현재의 나의 상황에 어떤 것이 최적의 방법일지를 고민하면서 B2B, B2G 영업이라는 세분화된 전략도 고안해 낼 수 있었다.

그리고 나는 해마다 연말에 다음 해 목표 설정을 했다. 연간 목표 매출 얼마, 신규 고객 몇 개 유치 등의 개괄적인 큰 목표들을 설정했다. 그리고 그런 목표를 달성하기 위해 일 년을 열심히 살아가다 보면 연말에는 목표에 비슷하게 닿아 있거나 어떤 때는 초과 목표를 달성하기도 했다. 나의 가장 큰 추진 방법은 바로 '생각한다, 그리고 계획을 세운다. 계획한 순서대로 실행한다.'이다.

우리 인생의 큰 관문인 결혼식은 웨딩플래너라는 사람을 고용해 계획을 세워 효율적으로 준비한다. 창업은 결혼식보다도 더 장기적으로 내 삶의 방식을 만들어 가는 과정이다. 결혼은 웨딩플래너가 짜 준 계획대로 해도 어느 정도는 할 수 있겠지만 내 창업 아이템을 성장시키는 방법은 누구도 가르쳐 주지 않다. 창업하기로 맘을 먹었지만 어떻게 시작할지 어떻게 진행할지 과연 내 창업은 어떻게 성장할지 머릿속으로만 맴도는 생각들을 정리해야 한다. 사업계획서를 작성해 본다는 것은 내 창업의 로드맵을 그리는 것이다.

사업계획서는 창업의 첫 관문이다. 우리의 창업이 어느 정도 진척이 되면 사업이라는 형태로 불리게 된다. 사업계획서는 창업 단계에서 나의 창업 아이템이 어떻게 하면 안정적인 사업으로 안착하고 성장할 수 있을지를 계획해 보는 것이다. 따라서 우리가 창업 단계에서 작성해야 하는 계획서는 창업계획서가 아니라 사업계획서가 되는 것이다.

사업계획서를 써야만 하는 이유

1. 우리의 시행착오를 줄일 수 있다.

우리가 창업을 시작하게 되면 다양한 새로운 정보들을 갑자기 수용하게 되고 그것을 어떻게 나에게 활용할 것인지 준비해야만 한다. 이 과정에서 우리가 창업 단계에서 추가로 필요한 것과 놓치고 넘어가는 것들을 발견할 기회가 될 수 있다. 우리가 하게 될 사업의 큰 그림이 한눈에 보이면서 우리 창업 아이템의 강점과 약점도 발견할 수 있게 한다. 이 과정에서 본격적인 사업에 앞서 필요한 부분을 한 번 더 점검할 수 있도록 해 주어 당신의 창업이 한 발짝 성공에 가까이 가도록 도움을 줄 수 있다.

2. 내 창업의 나침반이 될 수 있다.

창업을 결심하고 나면 머릿속에는 내 창업을 어떻게 진행하고 발전시켜 나갈 것인지 그림이 그려지기 시작한다. 그리고 이런 그림들을 사업계획서로 정리하고 저장해 두어야 한다. 그리고 지속해서 검토하고 확인해 봐야 한다. 이 사업계획서는 바쁜 일정으로 쉽게 잊어버릴 수 있는 초기의 계획과 목적을 일깨워 주는 내 사업의 지침서가 될 수 있다.

3. 자금 조달에도 활용될 수 있다.

창업을 처음 시작하게 될 때 가장 힘든 부분이 창업 자금을 확보하는 일일 것이다. 많은 사람이 자기자본을 활용해서 시작한다고 하지만 일정 시점이 되면 더 많은 자금을 투자해야 하는 단계에도 도달할 수 있다. 자기자본금이 아닌 자본 조달은 관공서나 민간의 지원 사업, 투자자 유치, 또는 금융 자본 조달 등을 활용할 수가 있는데 이때 가장 중요하게 보는 부분이 바로 사업계획서이다. 잘 쓴 사업계획서는 백 마디 말보다 확실한 가치를 전달할 수 있다.

4. 내 사업에 대해 소통할 수 있는 도구가 된다.

사업을 전개하기 위한 복잡한 과정이나 사업의 전략과 비전 등을 적어 놓은 사업계획서 하나면 말보다 외부인들에게 내 사업을 설명하고 이해를 돕기 쉽다. 내가 사업을 전개하면서 만날 수 있는 외부인들은 창업자 자신, 투자자, 금융기관, 인허가기관, 동료, 나아가서는 거래처와 고객까지 다양하다. 사업은 혼자 할 수 없다. 이해관계자들에게 신뢰를 얻고 지속 가능한 사업을 전개하는 데는 사업계획서가 매우 중요하다.

이처럼 사업계획서를 작성하는 그것은 창업할 때 가장 필요한 필수조건이다. 사업계획서를 너무 어렵게 생각하지 말라. 창업과 사업계획서는 떼려야 뗄 수 없는 관계이다.

6-2 나의 사업 한 줄로 요약해 보기 (비즈니스 모델 만들어 보기)

앞서 말했듯이 사업은 단순히 아이디어가 아니라 아이디어를 살아 움직이게 하는 시스템을 만드는 과정이다. 그리고 이것은 바로 비즈니스 모델(Business Model)이라고 이야기해 볼 수 있다. 비즈니스 모델은 단순히 돈을 버는 것 뿐만 아니라 기업의 활동(가치 창출, 수익, 생산 비용), 기업과 고객 사이에서의 활동(가치 전달, 기회 포착)을 모두 포함하고 있다.

머릿속에 내 사업의 아이템과 사업을 움직이게 하는 시스템이 복잡하게 얽혀있다면 이를 간결하게 정리해 주는 작업이 필요하다. 그래서 나는 나의 사업을 한 줄로 요약해 보는 과정이 꼭 필요하다고 생각한다. 사업이라는 말을 국어사전에서 찾아보면 '어떤 일을 일정한 목적과 계획을 세우고 짜임새 있게 지속해서 경영함. 또는 그 일'이라고 나와 있다. 우리가 계획해야 할 모든 것들, 바로 나의 비즈니스 모델이 한 마디로 정의될 수 있다.

사업

① 어떤 일을　② 누구에게 일정한　③ 목적과　④ 계획을 세우고
⑤ 짜임새 있게　⑥ 지속적으로　⑦ 경영함

① 어떤 일	당신이 하려는 사업의 아이템을 말한다. 유형의 제품이 될 수도 있고 무형의 서비스가 될 수도 있다.
② 누구	사업의 아이템을 제공 받을 고객이다. 나의 제품이나 서비스를 구매하는 고객이 어떤 정보를 아는 고객들인지 생각해 보자.
③ 목적	실현하려고 하는 일이나 나아가는 방향을 말한다. 내가 창업을 통해 고객들에게 제공하고자 하는 가치에 대해 생각해 보자.
④ 계획	앞으로의 할 일의 절차, 방법, 규모 등을 설정하는 것이다. 내 서비스를 어떻게, 어떤 방식으로 제공할지 고민해 보자.
⑤ 짜임새(차별점)	글, 이론 따위의 내용이 앞뒤의 연관과 체계를 제대로 갖춘 상태를 짜임새라고 한다. 짜인 모양새를 뜻하기도 한다. 내 사업이 짜 나아갈 모양새를 이야기하므로 전략이나 차별점이라고 정리해 볼 수 있을 것 같다.
⑥ 지속적	어떤 상태가 오래 계속되는 것이다. 사업은 1~2년 하고 마는 단기 프로젝트가 아니다. 몇 년에 걸쳐 내 삶을 만들어 가는 과정이므로 어떤 성장 계획을 가졌는지도 중요하다.
⑦ 경영	관리하고 운영하는 것을 경영이라고 한다. 운영 방식, 팀 구성, 자금 계획 등 관리와 운영에 필요한 것을 이야기한다.

위의 7가지 항목 내용을 한 단어 또는 한 문단으로 요약하고 더하면 내 사업을 소개하는 한 문장으로 만들어 볼 수 있다.

예시 1) 친환경 기념품 사업

구분	내용
① 어떤 일	친환경 기념품
② 누구	기업이나 관공서의 홍보 담당자
③ 목적	폐기물 절감과 지속 가능 지구 만들기
④ 계획	100장 이상의 대량 생산 ODM(Original Development Manufacturer) 제조 방식
⑤ 짜임새	자원 순환 컨설팅 방식의 상담을 통해
⑥ 지속적	1년에 30%씩 성장
⑦ 경영	사회적 기업 방식으로 경영

→ 이 사업은 친환경 기념품을 기업이나 관공서의 홍보 담당자들에게 폐기물 절감과 지속 가능 지구를 만들기 위해 100장 이상의 대량 생산 ODM 제조 방식으로 자원 순환 컨설팅을 통해 1년에 30%씩 성장하는 것을 목표로 사회적 기업을 운영한다.

예시 2) 여성 창업 1인 기업

구분	내용
① 어떤 일	엄마 창업 교육
② 누구	30~50대의 창업을 준비 중인 여성
③ 목적	여성의 자존감 확립과 자립을 돕기 위함
④ 계획	책 출간 강연 및 교육프로그램 제공
⑤ 짜임새	쉽고 실현 가능한 실질적인 방법을 제공
⑥ 지속적	1년 차 교육생 300명을 목표
⑦ 경영	1인 기업 퍼스널 브랜드 전개

→ 이 사업은 엄마 창업 교육을 30~50대의 창업을 준비 중인 여성들에게 여성의 자존감 확립과 자립을 도울 수 있도록, 책 출간을 통한 강연과 교육 프로그램으로 쉽고 실현 가능한 실질적인 방법을 제공하며 1년 차 교육생 300명을 목표로 1인 퍼스널 브랜드로 전개한다.

예시문을 참고하여 당신의 사업을 한 문장으로 정리해 볼 수 있도록 하자.

내 사업 아이템 한 문장으로 요약해 보기

구분	내용
① 어떤 일	
② 누구	
③ 목적	
④ 계획	
⑤ 짜임새	
⑥ 지속적	
⑦ 경영	

빈칸에 내 사업에 맞는 내용을 적어 보자. 되도록 한 단어나 한 문단으로 정리할 수 있도록 최대한 요약해 본다.

6-3 사업계획서에 들어가야 할 항목

이제 본격적인 사업계획서 작성하기를 시작해 보자.

앞에서 보았던 '내 사업, 한 문장으로 요약하기'를 완벽하게 끝마치신 분들이라면 이 사업계획서 작성도 어렵지 않게 해 낼 수 있다. 내 사업 한 문장으로 요약하기가 내가 앞으로 쓸 사업계획서의 요약본이기 때문이다. 한 문장 쓰기에 필요한 7가지의 구성 내용에 살을 덧붙이기만 하면 되기 때문이다. 아래에 설명하는 각각의 항목을 보고 내 아이템의 한 문장 쓰기에 어떤 살을 어떻게 붙여야 하는지 생각하여 사업계획서를 작성해 보자.

1. 내 아이템에 관한 내용 작성하기

아이템을 하게 된 내적 동기, 내 아이템이 필요한 환경적 필요성, 아이템에 대한 소개 등으로 구성해야 한다. 이 아이템을 전혀 모르는 사람이 보아도 이해하기 쉽도록 설명되어 있어야 한다. 창업 초반에는 자신에게도 내 아이템이 완벽하게 정리되지 않을 수도 있다. 내 아이템을 시작한 내·외적 동기, 내 아이템이 필요한 환경적 요인, 이를 위해 왜 이 아이템이 선정되었는지 또는 탄생되었는지, 그리고 이 아이템의 주요 기능이 무엇인지, 어떤 원리로 작동하고 구성되어 있는지 등이 나와야 하는 부분이다. 이런 내용을 작성하고 필요하면 조사하면서 내 아이템을 더욱 구체화하고 완성해 갈 수 있다.

2. 내 고객과 시장에 관한 내용 작성하기

내 아이템을 사용할 타깃 고객층에 대한 설명, 그리고 그 고객군이 속해 있는 시장에 대한 설명이 있어야 한다. 실제로 매출이 일어날 수 있는 부분이기 때문에 내 고객을 정확하게 알고 고객이 있는 시장을 파악하는 것은 매우 중요하다. 고객 설정은 상세할수록 좋다. 내 고객이 20대 여성이라면 '어떤 학력의, 어떤 직업의, 어떤 생활 방식을 가진, 어떤 지역에 사는 20대 여성'처럼 구체화하는 것이 좋다. 그들이 있는 곳이 바로 시장이다. 시장을 정확히 알아야만 효율적이고 정확한 홍보와 마케팅이 가능해진다. 정확한 타깃 고객을 상상하는 그것만으로도 내 아이템이 더욱 완벽해질 수 있다. 당신의 고객은 누구인가?

3. 내 아이템의 판매 전략 작성하기

고객을 알았다면 고객이 있는 시장으로 내 아이템을 어떻게 전개할 것인지, 어떤 방법으로 판매할 것인지에 대해 생각해 볼 수 있다. 자신의 아이템에 맞는 판매 전략, 내가 타깃하는 고객들이 선호하는 구매 경로에 대한 고민과 시장 조사가 필요하다. 내 아이템을 필요로 하는 타깃 고객이 정확하고 내가 이 고객에 대한 이해도가 높을수록 좋은 전략을 세울 수 있다. 초기에는 자본금이 부족하므로 이 판매 및 마케팅 부분에 큰 비용을 투자하기 어렵다. 이럴 때일수록 세분화된 판매 전략이 매우 중요하다. 고객을 연구해 보자. 효율 좋은 판매 전략은 고객을 이해하는 데서 출발한다.

4. 재무에 관한 내용 작성하기

무자본 창업 소자본 창업에 대한 관심도가 높긴 하지만 자본이 아예 없는 창업은 있을 수 없다. 창업 중에서 가장 적은 자본이 들어가는 온라인 1인 지식 창업도 초기에 전문 지식을 연마하는 비용, 퍼스널 브랜딩을 위한 기초 자본이 무조건 필요할 수밖에 없다. 제조업이나 자영업 등은 더 큰 비용이 있어야 한다. 원재료비, 판매 관리비, 운반비, 창고비, 사무실 비용, 인건비 등 사업의 규모가 커짐에 따라 필요한 자금도 계속 늘어나게 된다. 이럴 때 어떤 방식으로 자금을 조달할 것인지에 대한 계획이 구체적으로 있어야 한다. 자금을 조달하는 방법에는 자기자본, 공공투자나 정부 지원금, 민간 투자, 금융자본 조달 등의 방법이 있다. 또한, 내 아이템의 가격 설정은 어떤지, 사업의 예상 매출 및 손익분기[8]가 어떻게 되는지도 포함되어야 한다.

5. 창업자 '나'에 관한 내용 작성하기

이 사업을 전개하는 나에 관한 내용이 필요하다. 창업자는 말 그대로 창업의 근간이다. 아무리 좋은 아이템이 있어도 창업자의 능력이나 자질이 부족하다면 성공적인 창업으로 이끌어 가기 어렵다. 내가 어떤 스토리를 가졌는

---

[8] 손익분기점은 경제학, 사업, 특히 원가회계 분야에서 총비용과 총소득이 동등한 지점을 의미한다. 즉, 한 기간의 매출액이 당해 기간의 총비용과 일치하는 점이다. 기회비용이 지급되고 위험 조정된 기대수익이 발생했지만, 절대적 손실이나 순이익이 없는 것을 의미한다.

지, 이 사업을 영속할 수 있는 어떤 능력을 갖춘 사람인지 설명하자. 동업자나 팀원이 있다면 그 부분도 넣어라. 또한, 내가 이 창업을 운영하기 위해 활용할 수 있는 주변의 네트워크들도 어떤 것들이 있는지 설명해라. 창업자는 이제 주변의 네트워크도 허투루 지나치면 안 된다. 내 사업에 어떤 도움을 받을 수 있는지 어떤 협업을 통해 사업을 성장시킬 수 있는지 생각하자.

6. 내 사업의 경쟁자와 내 사업만의 차별점 작성하기

경쟁자가 없는 사업은 없다. 경쟁자의 아이템과 내 아이템의 유사한 곳을 찾아보자, 그리고 그곳과 내 사업의 장단점을 비교해 보고 그 경쟁자와 구별되는 내 아이템만의 차별점을 만들어 보아야 한다. 내 아이템이 특허를 획득한다거나 경쟁사 대비 좋은 품질의 저렴하면서 좋은 원료 공급처를 확보 하는 것도 경쟁력이 될 수 있다. 직접 생산하여 원가를 절감한다거나 고객에게 경쟁자보다 더 빠르거나, 더 저렴하고 편리하게 서비스를 제공하는 것도 차별화가 될 수 있다. 당신 아이템만이 전달할 수 있는 특별한 것은 무엇인가?

7. 내가 고객에게 전달하고 싶은 가치를 설정하기

나이키 브랜드를 떠올리면 생각나는 단어는 무엇인가? 코카콜라를 보면 생각나는 이미지는 무엇인가? 내가 만든 아이템을 사용하는 고객들에게 내 회사, 내 아이템을 떠올렸을 때 어떤 이미지를 떠오르게 하고 싶은가? 우리 회사가 전달하고 싶은 가치는 무엇인가? 예를 들면 무형의 가치로서 친절한 서비스, 깨끗한 이미지, 도전 의식, 똑똑해 보이는 느낌, 뭐든 좋다. 사업계획서를 작성하는 처음부터 마지막까지 당신은 당신이 전달하고 싶은 가치를 생각하며 작성하도록 하자. 비슷한 톤의 컬러, 똑같이 쓰인 로고, 깔끔하게 포장

된 패키지도 브랜딩이다. 하지만 그것보다 중요한 것은 당신의 아이템, 당신의 사업체가 고객들이 어떤 이미지를 떠올리게 만들 수 있는지, 당신의 제품이 깔끔한 포장지를 넘어 어떤 진심을 전달할 수 있는지가 아닐까 한다. 당신이 이 아이템에 담은 진심은 무엇인가? 고객들이 당신의 어떤 진심을 떠올렸으면 좋겠는가?

사업계획서 목차

구성요소	내용
표지 및 목차	내 아이템을 상징할 수 있는 이미지와 제목, 회사 로고 등
사업 개요	창업 배경 및 동기, 창업 목표, 창업 아이템 소개
제품과 서비스	제품 및 서비스 개요, 비즈니스 모델, 제품의 특징 등
시장 분석	목표 고객과 시장의 특성, 동향, 시장의 규모, 경쟁사, 차별점 등
마케팅 계획	목표 시장 분석, 포지셔닝, 가격, 판매, 유통, 홍보 방안
재무 계획	필요 자금, 창업 자금 조달 계획, 손익분기점 등
조직 구성	창업자 및 창업팀 소개, 인력 운용 계획, 복지 계획 등
추진 일정	3개년 또는 5개년 추진 및 성장 계획 등

내 사업계획서 내용 작성하기

구성요소	내용
표지 및 목차	
사업개요	
제품과 서비스	
시장 분석	
마케팅 계획	
재무 계획	
조직 구성	
추진 일정	

6-4 비즈니스 모델 캔버스를 작성해 보자

　　　　우리가 사업계획서를 작성하는 과정은 우리 창업 아이템의 비즈니스 모델을 만들어 가는 과정이다. 사실 사업계획서를 작성하는 것은 창업 9년 차인 나도 몇 날 며칠을 고민하고 수정을 반복해야 가능한 쉽지 않은 작업이다. 이렇게 어려운 사업계획서를 작성하기 전에 간단하게 나의 비즈니스 모델을 점검해 보면서 창업을 계획 하는 것이 좋다. 이럴 때 필요한 것이 '비즈니스 모델 캔버스(Business Model Canvas)'이다. 사업계획서를 작성하기 어렵다면 비즈니스 모델 캔버스라도 꼭 작성해 보아야 한다.

　비즈니스 모델 캔버스는 알렉산더 오스터왈더(Alexander Osterwalder)와 예스 피그뉴어(Yves Pigneur) 교수가 개발한 비즈니스를 운영하는데 필요한 9가지 요소를 문서화하기 위해 사용하는 템플릿을 말한다. 비즈니스 모델 캔버스는 내 창업 아이템의 핵심 요소를 한

페이지로 간결하게 요약할 수 있는 그래픽 템플릿으로 구성되어 있다.

비즈니스 모델 캔버스

1. **고객 세그먼트**: 내 서비스를 제공받거나 내 서비스를 필요로 하는 고객에 대한 설정을 적어 보라.
   ⇒ 당신의 서비스 또는 제품을 필요로 하는 고객이 누구인가?

2. **가치 제안**: 기업이 어떻게 고객을 위한 가치를 창출하고 고객에게 필요하거나 원하는 것을 제공하는지 적어라. 가치에는 제품/서비스를 통한 기능적이고 눈에 보이는 것들은 물론이고 눈에 보이지 않는 가치(사회적 가치, 감정적 가치)도 포함된다.
   ⇒ 당신의 아이템은 고객에게 어떤 가치를 전달할 수 있을 것인가?
   ⇒ 고객들은 당신의 회사를 왜 찾을까?

3. **채널**: 기업이 제공해야 하는 가치 제안을 통해 고객에 도달하기 위해 노력하는 방법. 내 제품이나 서비스가 어떤 방법으로 고객에게 전달될 것인지 적어 보라.
   ⇒ 당신의 아이템은 어떤 경로로 고객들에게 발견될 것인가?

4. **고객 관계**: 기업이 고객을 확보하고 관계를 유지하기 위해 사용되는 방법을 적어 보라.
   ⇒ 당신은 고객과 어떤 방식으로 소통할 것인가?

5. **수익원**: 고객 부문에 원하는 것을 제공한 후 얻을 수 있는 수익을 창출 방식을 적어 보라.
   ⇒ 당신의 서비스 또는 제품은 고객에게 어떤 방법으로 판매될 것인가?

6. **핵심 자원**: 비즈니스 모델을 작동시키는데 필요한 자산을 적어보라. 물적 자원, 인적 자원, 지적 자원으로 나누어 생각해 볼 수 있다.
   ⇒ 당신이 이 비즈니스를 운영하는데 필요한 가장 중요한 자원은 무엇인가?

7. **핵심 활동**: 고객을 위한 가치 제안을 생성하기 위해 회사 또는 비즈니스가

집중해야 하는 주요 요소를 적어 보아라.
⇒ 당신이 이 사업을 작동하는데 꼭 필요한 활동은 무엇인가?

8. **핵심 파트너**: 비즈니스 모델을 작동시키는 공급 업체나 파트너를 적어 보아라.
⇒ 당신의 사업이 작동하는데 꼭 필요한 협력업체나 파트너는 누구인가?

9. **비용 구조**: 비즈니스 모델이 성공적으로 운영되기 위해 발생하는 모든 비용을 적어 보아라.
⇒ 당신의 사업에 들어가는 비용은 어떤 것이 있는가?

예시) 내가 창업하고 싶은 창업 전문 기관 EBC 센터의 비즈니스 모델 캔버스

비즈니스 모델 캔버스　　　　　　　　　　　　　　　　　　　　　　버전 : 1.0

회사이름 EBC 센터	핵심 파트너	• 지방 자치 단체 교육 기관/창업 교육 기관/학교 창업 센터
	핵심 활동	• 강의, 강연 제공/교육 프로그램 제공
작성자 박은정	핵심 자료	• 인적 자원: 맘앤맘협동조합 • 지적 자원: 자체 제작 교육 프로그램, 콘텐츠 등
날짜 2023. 12. 26	가치 제안	• B2C: 창업 및 진로 관련 문제 해결 • B2B: 창업 교육 강의, 창업 교육 프로그램 요청
	고객 관계	• 개인 SNS 및 공식 SNS 채널(인스타그램, 유튜브, 카카오톡 등)
	채널	• 자체 홈페이지/개인 SNS 및 공식 SNS 채널/출판물
	고객 세그먼트	• B2C: 예비 창업자 진로계획자 등 • B2B: 교육기관 기업교육센터, 학교 등
	비용 구조	• 교육 프로그램 및 콘텐츠 제작비
	수익원	• 강의 수수료/교육 프로그램 운영료/출판물 판매 수수료

당신의 비즈니스 모델 캔버스를 채워 보아라.

비즈니스 모델 캔버스　　　　　　　　　　　　　　　　　버전 :

회사이름	핵심 파트너	
작성자	핵심 활동	
날짜	핵심 자료	
	가치 제안	
	고객 관계	
	채널	
	고객 세그먼트	
	비용 구조	
	수익원	

6-5 사업계획서와 지원 사업계획서의 차이점

　　　　창업을 결심하게 되었을 때 가장 먼저 우려되는 점은 바로 창업 자금일 것이다. 창업에는 내가 노력하고 발로 뛰어야만 얻어질 수 있는 부분이 80% 이상을 차지하지만 아무리 비용을 들이지 않고 시작한다고 해도 어쩔 수 없이 들어가게 되는 비용들이 있다. 특히 유형의 제품이나 IT 서비스 등의 아이템으로 사업을 전개하기 위해서는 시제품을 개발하는 과정에서 막대한 비용이 소요될 수밖에 없다. 이런 경우 전부 내 돈으로 시작해야 한다고 부담 가질 필요는 없다. 정부 기관, 지방 자치 단체, 민간 기업 등에서 다양한 경로를 통해 창업자들을 위한 지원 사업을 시행하고 있다. 또한 정부에서는 낮은 이자로 창업자들과 소상공인들을 위한 정책 자금 융자 서비스도 제공하고 있다.

　　나는 2015년도 창업을 시작하면서부터 정부 정책 자금과 정부 지원금을 활용한 자금 조달을 통해 창업을 전개하였다. 처음 재활용이 가능한 단일 소재 가방을 위해 PVC 지퍼 가방을 전개하기 위해서는 중소벤처기업진흥공단에서 제공하는 2%대 이자의 청년 창업 대출 5천만 원을 받아 제품 제작에 필요한 비용을 조달하였다. 사업이 잘 안 되어 폐업을 할 수밖에 없었지만 5천만 원은 폐업 이후에도 꾸준히 갚아서 현재는 전부 상환이 완료된 상태다.

사실 정책 자금을 대출받고 난 이후에서야 대출이 아닌 무상 지원 사업이 있다는 것을 알게 되었다. 그래서 다시 현재의 사업을 재창업하게 되었을 때는 특허청에서 진행하는 '창의적 지식 재산(디자인) 사업화 지원 사업(현, IP 제품혁신 지원 사업)'을 통해 1천만 원 상당의 시제품 개발비, 지식재산권 등록 진행비, 사업화 멘토링을 지원받게 되었다. 그리고 이를 통해 자신감을 얻고 재기를 할 동력을 찾게 되었다.

그 뒤로 최대 5천만 원까지 무상으로 지원받을 수 있는 '사회적 기업가 육성 사업'에 선정되었고, 최대 1억 원까지 지원받을 수 있는 중소벤처기업진흥공단에서 진행하는 '청년 창업 사관학교'에 최종 선정되기도 했다. 2022년도에는 최대 1억 원까지 지원받을 수 있는 한국환경산업협회에서 진행하는 '새활용 산업 육성 사업'을 통해 사업 고도화를 진행할 수 있었다. 그밖에도 무상으로 지원받을 수 있는 사업화 지원 사업은 너무나도 많다.

하지만 이러한 무상 지원 사업의 경우 신청한다고 모두에게 주는 것이 아니다. 지원해 줄 수 있는 예산은 한정되어 있지만, 무상으로 지원하는 사업이다 보니 엄청난 경쟁률을 뚫고 최종 선정되어야만 지원 대상이 될 수 있기 때문이다. 이때 거의 모든 지원 사업이 1차는 사업계획서 서류 심사, 2차는 대면 발표 심사를 통해 대상자 심사를 진행하는데

1차 서류 심사에서 가장 중요한 것이 바로 사업계획서이다.

앞서 우리는 사업계획서 쓰는 법에 대해 알게 되었다. 하지만 일반적으로 작성하는 사업계획서와 지원 사업을 위해 쓰는 사업계획서는 목적부터가 다르다는 것을 알고 접근하면 더 쉽게 이해할 수 있다.

내가 이 책의 모든 내용에서 강조한 창업은 자영업자든 프리랜서든 크리에이터든 상관없이 내 삶을 내가 원하는 방식으로 만들어 가면서 경제적으로 자립 할 수 있는 과정 그 모두를 칭했다. 하지만 정부 지원 사업에서 말하는 창업은 조금 더 구체적이고 한정적이다. 일자리를 많이 창출할 수 있는 사업이어야 할 것, 우리나라를 이끌어 갈 수 있는 글로벌 진출이 용이한 차세대 아이템이어야 할 것, 많은 매출을 일으킬 수 있는 규모의 사업이어야 할 것 등의 기준들이 있다. 그 이유는 바로 우리 세금으로 진행되는 사업이기 때문이다.

내가 사업계획서 수업을 할 때 강조하는 점이 있다. 바로 지원 사업 사업계획서는 정부로부터 투자를 받는다고 생각하고 작성해야 한다는 점이다. 투자란 미래의 더 큰 수익을 얻기 위해서 자본이나 자금을 지원하는 행위를 말한다.

우리가 일반적으로 재테크를 위해서 주식 투자를 한다거나 부동산 투자를 할 때를 생각해 보라. 앞으로 성장 가능성이 있는 혹은 확장 가능성이 있는 종목 또는 입지인지를 분석하고 미래 가치가 성장할 것이라고 판단 되었을 때 우리는 투자를 결심하게 된다. 바로 그 지점이다. 국가가 다양한 경로를 통해서 창업자들을 위한 무상 지원금을 세금을 통해 운영한다는 것은 국가를 더욱 발전시킬 수 있는 가능성이 보이는 떡잎을 찾아 빠르게 성장시켜 국가에 이바지할 수 있도록 돕는 활동이기 때문이다. 국가가 원하는 것은 바로 성공한 기업을 통한 일자리 창출, 경제 발전일 것이다.

내가 이렇게 말하면 '나는 지원 사업 대상자에 해당 안 되는 것 아니야?' 하고 바로 포기하게 될 수 있다. 하지만 그럴 필요 없다. 물론 아이템에 따라 지원 사업에 전혀 해당이 안 되는 사업들도 있을 수 있지만 내가 창업을 결심한 이상 나도 한번 지원 사업에 선정되어 지원받아 보고 싶다면 내 아이템을 지원 사업이 원하는 입맛에 맞게 더욱 고도화시키면 된다.

나와 함께 하는 엄마 창업자들은 나와 같이 최대 5천만 원을 지원받을 수 있는 '사회적 기업가 육성 사업'이라는 제도를 통해 무상 지원을 받으며 창업에 성공하였다. 그녀들의 아이템은 사람들의 심리를 안정시켜주는 아로마 세러피를 활용한 아로마 제품 전개, 그림책을 이용한 엄마 심리 세러피 서비스 등 엄마들도 마음만 먹으면 도전할 수 있는 아이템들이었다.

경제 발전도 필요하다. 하지만 국가가 정상적으로 돌아갈 수 있는 원동력은 '국민들의 삶을 행복하도록 유지하는 것' 또한 국가 운영의 목적일 것이다. 사회 가치를 창출할 수 있는 환경 문제, 여성 복지, 노인 복지, 장애인 문제 등 국가가 세세히 손닿기 힘든 부분들을 다양한 아이디어로 해결해 주는 창업자들에게도 기회는 많이 열려있다.

창업 자금이 필요한가? 그럼 이제 정부 지원 사업에 도전해 보자.

6-6 사업계획서를 쓰면 좋은 점

　　　　나도 처음에는 사업계획서라는 것이 무엇인지 잘 몰랐다. 나는 그야말로 아이디어를 제품화하는 것부터 무작정 시작했기 때문에 가치는 물론이고 전략, 성장 계획, 자금 조달 방법 등 아무것도 계획하고 시작한 것이 없었다. 지원 사업이란 것을 신청해 보기 위해서 처음 주최 측에서 제공한 사업계획서 양식을 보고 며칠 동안 한 글자도 적지 못했던 시간이 있었다. 추진 전략, 기대 효과, 정량적, 정성적, 손익분기점, 정말 모르는 단어들뿐이었다. 인터넷에 검색해보고 단어의 뜻을 찾아봐도 도대체 어떻게 써야 하는 건지 알 수 없어 답답했었다. 지금 생각해 보면 당연한 상황이었다. 당시 나는 사업이란 것 자체가 어떤 의미인지 조차를 잘 모르고 있었기 때문이었다.

　최근에 유행하는 MBTI를 검사해 보니 내가 계획적인 유형이라는 결과가 나왔다. 사실 사업을 시작하기 이전의 나는 계획적이라기보다는 즉흥적 유형의 인간에 가까웠다. 그런데 내가 사업의 본질을 이해하고 사업을 전개하기 시작하니 계획적인 인간으로 변한 것이다.

내가 어쩌다가 계획적 사고를 할 수 있기 시작했나 곰곰이 생각해 보았다. 석사 논문을 쓰고 난 후였던 것 같다. 논문이야말로 가설을 세우고 내 가설을 전략적으로 논리에 맞게 설득할 수 있도록 연구한 내용을 담아야 한다.

논문을 쓰기 전 사업은 중구난방에 즉흥적이고 무계획적인 상황의 연속이었다. 논문을 완성한 직후 나는 처음 자력으로 정부 지원 사업에 신청하였고 시제품 개발비 1천만 원을 지원받았다. 그 이후로는 B2B 사업으로 전략적인 방향 전환을 사회적 기업으로 인증받는 계획을 세웠다. 매년 5번이 넘게 사업계획서를 작성하고 한두 군데의 정부 지원금을 지원받았다. 대기업이나 지자체에 협업 제안서를 넣고 꾸준한 신규 고객들도 확보할 수 있게 되었다.

사업계획서를 여러 번 쓰다 보니 사업에 대해 정리하고 계획을 세울 수 있게 되었다. 그것뿐만 아니라 내 능력을 좋은 방향으로 개발하는 데도 아주 좋은 도구로 사용되고 있었다. 사업계획서를 많이 썼더니 다음과 같은 능력이 길러졌다.

1. 전략적으로 사고하는 능력

문제를 파악하고 문제를 어떻게 해결해야 하는지 생각할 수 있게 되었다. 또한, 문제 해결에 있어 필요한 도구들이 무엇이며 어떻게 확보하고 활용할 수 있는지 계획적으로 생각할 수 있는 능력이 길러졌다. 이런 능력은 갑작스러운 일이 생겼을 때 당황하지 않고 오히려 침착하게 사건을 해결할 수 있도록 한다. 가장 중요한 능력은 하고 싶은 일이나 아이디어가 생각나도 생각에서 멈추지 않고 그 생각을 어떻게 실현할 수 있을지 자동으로 계획을 세울 수 있는 것이다. 이러한 문제 해결 능력은 현실 가능한 실행력으로 이어진다.

2. 계획하면 불안하지 않게 된다.

상황에 대한 계획을 세우면, 다가오지 않을 미래에 대해 어느 정도 예측할 수 있게 내가 스스로 조정할 수 있도록 한다. 아무것도 계획하지 않았을 때의 미래는 어떻게 흘러갈지 알 수 없으므로 불안하다. 계획된 미래는 내가 상황을 통제하고 내가 상황을 주도한다는 뜻이다. 물론 계획된 대로 흘러가지 않을 수도 있다. 그래서 계획을 통해 다양한 돌발 상황에 대한 대비책을 마련해야 한다. 조금이라도 실패 확률을 낮추고 내가 바라는 성공적인 미래를 쟁취하기 위한 계획은 꼭 필요하다.

3. 글을 쓰는 능력이 향상되었다.

학창시절 국어 시간에 중요하게 배웠던 부분이 바로 논리적으로 글쓰기이다. 사업계획서 쓰기 자체가 논리적인 근거를 바탕으로 페이지를 채워 나가는 활동이다. 내가 쓰고자 하는 주제를 벗어나지 않으면서 내가 하고자 하는 메시지를 명확하게 표현할 수 있어야 좋은 사업계획서이다. 사업계획서를 많이 쓰다 보니 논리적으로 명확한 글을 쓸 수 있는 능력이 발달되었다.

4. 전체를 보는 능력이 발달한다.

사업계획서를 쓰고 나면 흩어진 창업에 관한 생각들이 하나로 합쳐진다. 중요한 부분은 남고 불필요한 부분은 버려지게 된다. 그전에는 보이지 않았던 부족한 부분들도 발견할 수 있다. 사업계획서는 사업이라는 복잡한 요소들을 하나의 커다랗고 유기적인 그림으로 그려내는 활동이다. 전체를 보며 우리가 현상에 매몰되지 않고 상황을 통제해 나가며 주도적으로 결정할 수 있는 능력이 생긴다.

5. 설득을 잘 할 수 있다.

창업하기로 결심하면 일단 가장 어려운 것이 주변 사람들을 설득하는 일이다. 가장 먼저 남편 및 주변 사람을 설득해야 한다. 남편들은 아내를 몇 년 동안 집에서 육아에만 매진했던 사람이라고 생각할 가능성이 크다. 그래서 내 아내는 아무것도 못 할 거라고 생각하기 쉽다. 이런 상황에 가장 필요한 것이 사업계획서이다. 내가 생각한 것을 아무리 말로 설명한다고 해도 쉽게 설득시키기는 어렵다. 당신의 포부, 비전, 계획이 담긴 사업계획서를 보여주어라. 몇 장의 글로 남편의 달라진 눈빛을 볼 수 있을 것이다.

6. 자신감이 생긴다.

창업하기로 처음 마음먹었을 때의 당신을 기억해 보자. 과연 내가 할 수 있을까? 뭘 어떻게 해야 하지? 불안하고 앞이 캄캄하지 않았나? 사업은 내가 할 수 없는 것으로 생각하고 있었을 것이다. 사업계획서를 쓰고 난 지금의 생각은 어떠한가? 이제 무엇을 해야 할지 당장 할 일들이 너무 많이 생각나 엉덩이가 들썩여지지 않나? 뭐가 필요하고 뭘 더 공부해야 하는지 머릿속에 그려지지 않는가? 벌써 계획표상의 매출이 내 것이 된 것 같은 설렘이 들 것이다. 이제는 두렵지 않을 것이다. 자신감이 생겼다.

07

창업 5단계

당신만의 퍼널을 만들기

5TH STEP

제품과 브랜드에 대한 좋은 이미지나 평판, 전문성, 신뢰감 등이 재구매로 이어지는 강력한 요소다.

7-1 나의 팬을 만드는 비밀공식 '마케팅 퍼널'

　　　　　　클릭하고 말았다. 책을 써야겠다고 다짐하고 '책을 쓰는 데 도움을 받을 수 있는 믿을 만한 기관이 어디 있을까?' 하고 검색을 한번 해 보았을 뿐이었다. 인스타그램, 페이스북, 유튜브 등 자주 사용하는 SNS에서 한두 번 검색해 보았더니 나의 관심사로 파악하고 매일 글쓰기 관련한 각종 기관의 뉴스와 광고를 띄우기 시작했다.

　쏟아지는 광고 중에서 눈에 띄는 문구가 있거나 더욱 관심이 가는 배너를 클릭해 보았다. 이후 그 기관들이 제공하는 자세한 정보들을 살펴본다. 내가 찾는 것이 맞을까? 들어갔다 나오기를 몇 차례 반복한다. 몇 군데 기관을 살펴보다 보니 결국 맘에 드는 기관을 찾았다. 회원 가입을 하고 그들이 제공하는 메일링 서비스도 신청해 본다. 그들이 무료로 제공하는 강의에도 참여해 본다. 그들이 제공하는 서비스와 내용이 유익하다 느끼고 점점 신뢰가 가기 시작한다. 그러기를 며칠, 결국 그들이 제공하는 유료 서비스에도 비용을 지불하고 참여하게 된다.

여러분도 분명 이런 경험들이 있을 것이다. 무심코 본 광고 문구에 이끌려 구매까지 이어진 경험. 일상 깊숙이 퍼져 있는 다양한 광고, 우리의 호기심을 자극하는 무료 서비스는 사실 최종적으로는 우리의 구매를 유도하는 유입 통로이다.

이렇게 제품이나 서비스를 고객의 구매로 이어지게 만드는 활동을 우리는 마케팅이라고 한다. 그리고 이 마케팅의 기본 과정은 광고 문구나 무료 서비스, 브랜드 등을 인지하는 단계, 인지하고 이 상품과 서비스에 대해 생각하는 단계, 서비스에 참여하고 고객이 되는 단계, 고객을 유지하는 단계로 진행이 된다. 이 과정에서 고객이 유입되는 양을 그림으로 그렸을 때 깔때기 모양을 닮았다고 한다. 이 깔때기라는 단어를 영어에서 따와 '마케팅 퍼널(Marketing Funnel)'이라고 부른다.

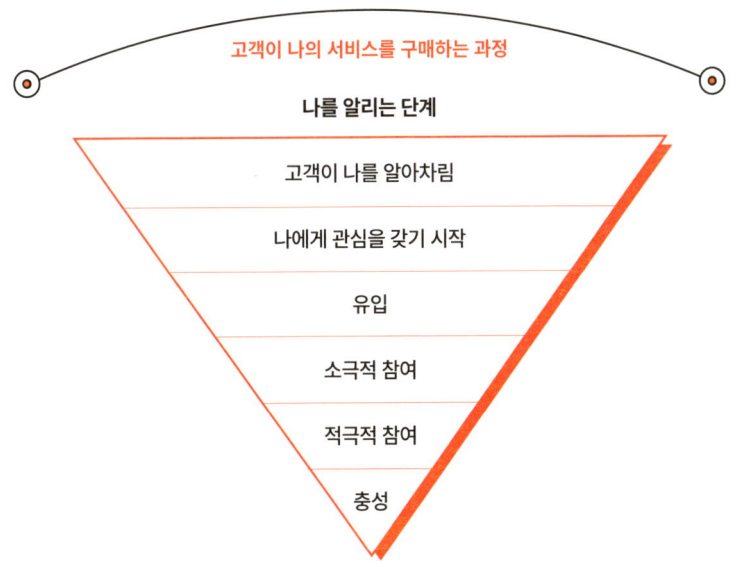

창업하고 나서 가장 어려운 점은 바로 고객을 찾는 법이다. 대부분 창업을 시작하면 내 아이템(제품/서비스)을 어떻게 만들지만 고민하고, 그것에 대부분의 시간을 투자한다. 사무실을 구하고 직원도 구한다. 내 아이템의 완성도를 높이고 좋은 기능을 넣기 위해 많은 돈을 투자하며 아이템 개발에만 몰두한다. 브랜딩을 위한 멋진 홈페이지도 필요할 것 같다. 내가 직접 만들 수는 없으니 비싼 돈을 주고 홈페이지를 만들어 주는 업체에 의뢰 한다.

그렇게 시간을 투자하고 이미 많은 돈을 써버리고 난 후 아이템이 출시된다. 과연 고객들이 그 아이템을 구매해 줄까? 과연 알기라도 할까? 그리고 고객들에게 진짜 그 아이템이 필요한 것이긴 할까?

우리가 제품이나 서비스를 구매하는 과정을 생각해 보자. 먼저 필요를 느끼고 알아보기 시작한다. 관심이 가는 것이 생기면 그것의 가격이나 디자인, 리뷰 등을 살펴보기도 한다. 믿을 만하다 판단되면 구매로 이어진다. 구매한 제품이나 서비스가 만족스러웠다면 그 브랜드나 제품에 대한 좋은 인식이 생성될 것이다. 그럼 다음번엔 바로 그 브랜드나 제품의 반복적인 구매로 이어지며 그 제품이나 브랜드의 팬이 된다. 이 과정에서 가장 중요한 점은 제품과 브랜드에 대한 좋은 이미지나 평판, 전문성, 신뢰감 등이 재구매로 이어지는 강력한 요소로 작용할 것이다.

위의 사례에서 당신은 어떤 것을 느꼈는가? 아무리 좋은 서비스라도 아무리 나에게 필요한 제품이라도 그것을 만든 사람이 어떤 스토리를 가지고 만들었는지, 아이템에 관련한 어떤 활동을 했는지를 전혀 알 수 없는데 당신이 선뜻 구매를 결정할 수 있을까?

이런 퍼널의 사례를 매우 잘 활용한 예가 있다. 바로 우리 생활에 필수 메신저인 카카오톡이다. 카카오톡은 2010년 3월 처음 출시되었다. 카카오톡은 고객들을 유치하고 자신들의 신뢰를 구축하기 위해 3년이라는 시간 동안 카카오톡이라는 메신저 프로그램을 무료로 제공했다.

문자 메시지 1통에 2~30원씩 비용이 청구되던 시절에 무료로 메시지를 보낼 수 있는 카카오톡은 그야말로 전 국민에게 신세계였다. 3년 동안 무료 메신저를 제공하고 고객을 유치하면서 고객의 소리를 가까이에서 듣고 고객들이 진짜 무엇을 원하는지를 파악하고 보완하는 과정을 끊임없이 반복했다. 사람들이 카카오톡을 통해 무엇을 원하는지 알게 되었고 이후 출시된 카카오 택시, 카카오 선물하기, 이모티콘 서비스 등은 폭발적인 흥행을 거두어 성공의 원동력이 되었다.

이 이야기는 카카오에만 해당하는 사례는 아니다. 당신도 당신의 충성 고객을 만들 수 있다. 당신이 하려는 아이템을 소개하고, 관심을 이끌고, 당신의 활동에 참여를 이끌어, 당신의 팬을 만드는 '당신만의 퍼널'을 만들 수 있다. 당신의 아이템이 완성되기 전부터 당신이 왜 이 아이템을 하려고 하는지, 이 아이템을 위해 당신이 얼마나 노력하는지, 사람들에게 알릴 수 있다. 고객과 소통하고 의견을 받는 과정에서도 더욱 좋은 아이템으로 변신할 수도 있다. 내가 생각지 못한 기발한 아이디어가 탄생할 수도 있다.

아이템이 정해지고 사업계획서가 작성되었다면, 이제 당신의 퍼널을 만들 차례이다. 고객의 소리를 찾아 들어보고 소통해야 한다. 진심을 전달해 보자. 고객에게 진짜 필요한 것이 무엇인지 들어보자. 진심이 통한다면 고객은 당신에게 기꺼이 비용을 지급하게 될 것이다.

7-2 SNS로 나만의 퍼널 시작하기

퍼널이라는 것은 나를 알리고 나에게 관심 있는 사람들을 모아 신뢰를 쌓아 나가며 최종 구매로 이르게 만드는 마케팅 기본 과정이다. 아이템이 완성되기 전부터 당신은 당신의 아이템에 관해 알리고 관심을 유도하고 참여 인원들을 모아 신뢰를 쌓는 작업을 해야 한다. 스마트폰과 인터넷이 등장한 이후 당신을 알리는 방법은 점차 다양하고 쉬워지고 있다.

당신을 알릴 수 있는 활용도 높은 SNS 플랫폼은 매우 다양하게 있다. 하지만 모든 채널을 다 운영한다고 해서 고객이 유입되는 것은 아니다. 채널의 특성에 맞는 운영과 관리가 뒷받침되어야 성공적인 퍼널로 활용할 수 있다.

대표적인 퍼널 운영 활용도가 높은 SNS 채널로서 네이버의 블로그, 밴드, 카페 서비스가 있고, 개별 플랫폼으로는 인스타그램, 페이스북,

유튜브, 카카오 오픈 채팅 등의 서비스를 활용하여 채널을 운영해 볼 수 있다.

퍼널의 성장 과정이나 채널의 운영 목적이나 활용도에 맞는 채널을 선택해서 활용해야 채널 성공률을 올릴 수 있다. 각 채널의 특성을 먼저 파악하고 내 아이템의 성격에 맞는 채널을 선택해 운영해 보자.

퍼널 초기 단계

퍼널 초기 단계에는 일단 나의 아이템과 나의 전문성을 알리는 것이 가장 중요하다. 개인적으로 빠르게 운영하고 활용할 수 있는 채널을 운영하는 것이 효과적이다.

1. 블로그

블로그의 특성을 한마디로 전달하면 정보 전달이다. 내 아이템과 연관된 전문적인 지식이나 정보 등을 정리하여 게시하는 방법으로 관리할 수 있다. 블로그는 검색을 통해 노출할 수 있으므로 내 아이템에 관심이 있는 사람이 정확하게 유입될 수 있는 확률이 높다. 내 아이템과 연관된 나의 지식, 관련 책, 관련 뉴스, 관련 정보, 활용법, 아이템과 관련된 나의 활동 등을 꾸준히 게시해 보자. 전문적인 정보 전달을 위한 글을 써야 하므로 게시물 한 개를 작성하는 시간이 오래 걸릴 수도 있다. 하지만 시간을 들인 정성스러운 게시물은 보는 이들이 진실성을 느껴지게 한다. 블로그에 광고성 허위 정보 게시물이 범람하는 요즘 같은 시대에 당신의 게시물은 당신만의 차별성을 만들어 줄 수 있다. 게시물이 쌓일수록 당신의 전문성은 높아지고 당신의 아이템에 관심을 가진 사람들이 점차 늘어남을 확인하게 될 것이다.

2. 인스타그램

　인스타그램의 특성은 이미지로 표현한다는 것이다. 기존의 인스타그램에서는 멋진 풍경, 예쁘고 멋진 사람들, 화려한 패션, 명품 이미지 같은 패션이나 뷰티, 전문적인 사진 이미지들이 주로 주목을 받았다. 하지만 최근에는 이미지를 활용한 카드 뉴스 형식의 정보 전달 형태의 계정도 많은 조회 수와 팔로워를 확보하고 있다. 인스타그램은 아름다운 이미지를 봤을 때의 즉각적인 반응을 일으켜 관심을 유도하는 것이 특징이다. 따라서 인스타그램을 활용한 퍼널 운영에 있어서 주의할 점은 이미지를 봤을 때처럼 정보 전달도 간결하고 즉각적인 언어를 활용하여야 한다는 점이다. 최근에는 '릴스'라는 짧은 영상을 활용한 정보 전달의 창구로도 많이 활용되고 있다. 순간적으로 관심을 사로잡을 수 있는 아이템과 전략이 있다면 인스타그램을 활용해 보자.

3. 유튜브

　유튜브는 영상 기반의 플랫폼이며 최근 가장 급성장하는 채널이기도 하다. 국내뿐만 아니라 글로벌 사용자까지 유입할 수 있고 구글 기반의 검색 서비스와 알고리즘을 제공하기 때문에 표적에 빠르게 도달할 수 있는 채널이기도 하다. 따라서 기존에 전문가들도 자신의 전문성을 활용해 오락적이면서도 유익한 채널을 만들어 자신들의 홍보에 활용하는 사례도 많이 늘어나고 있다.

　유튜브는 블로그처럼 자신의 아이템에 관련된 전문 정보를 전달할 수 있는 채널이지만 글보다는 말과 영상으로 전달한다는 특징이 있다. 영상은 글보다 더 많은 시간을 할애해야만 끝까지 확인할 수 있다. 하지만 끝까지 본다는 것은 그만큼 깊은 관심과 집중을 요구하는 것이기 때문에 유튜브 구독자들의 충성도는 타 채널보다 더 강력하다고 볼 수 있다. 반면에 콘셉트를 정하고, 대본을 만들고 대본에 맞게 영상을 촬영하고 편집하는 일련의 과정들이 타 채널보다 몇 배의 수고가 들어가는 단점이 있다. 하지만 유튜브로 시작해 연 매출 몇십 억 원 규모의 기업을 이루는 크리에이터들도 늘어가는 시대에 그만큼의 시간과 노력은 투자할 만한 가치가 있는 채널이 아닐까 한다.

퍼널 성장 단계

인스타그램, 유튜브, 블로그와 같은 채널들은 채널 운영자가 일방적으로 정보를 제공하고 사람들의 관심과 호응을 끌어내는 용도의 채널이다. 퍼널 성장 단계에는 유입된 고객들을 묶어 두고 조금 더 직접적인 소통과 관계를 맺을 수 있는 채널들을 함께 활용하는 것이 좋다.

1. 네이버 카페

태생 자체가 커뮤니티를 위한 플랫폼이다. 내 아이템에 관련된 고객들의 세부적인 반응, 서비스 참여 유도 등이 가능하다. 참여자들끼리의 소통이나 그룹 형성을 통한 타깃 관리도 가능하다. 1차 유입 단계에서 형성된 관심 고객들에게 조금 더 직접적인 소통과 섬세한 정보 전달, 서비스 참여 유도 등을 위해서는 네이버 카페를 활용한 퍼널도 필요하다.

2. 카카오 오픈 채팅방

일반적으로 메신저 형태로 사용되는 1:1 채팅방이 아닌 같은 관심사를 가진 사람들이 실시간으로 대화를 주고받을 수 있는 개방형 채팅방이다. 실시간으로 알림을 받을 수 있고 대화하는 형태의 정보를 전달할 수 있어 매우 직접적인 방식의 고객 관리 채널이다. 카카오톡은 일상적으로 거부감 없이 사용하는 채널이라는 특성이 있다. 내용이 쌓임에 따라 빠르게 잊히는 특성이 있어 대화하듯이 격식 없으면서도 휘발적인 형태로 정보가 전달된다. 온종일 순간적 알림을 할 수 있어 고객이 나를 항상 기억하게 할 수 있는 장점이 있다. 그렇지만 많은 사람이 다 같은 내용에 집중할 수 없으므로 적절히 대화의 양을 조절하며 관리하는 기술이 필요하다. 온라인 지식 창업 분야에서는 필수적으로 활용하는 채널이기도 하다.

고객들은 다양한 성향의 사람들이 존재하므로 성향에 따라 주로 사용하는 SNS 채널도 다양하다. 퍼널 초기에는 나의 정보도 많지 않기 때문에 고객의 유입도 많지 않을 것이다. 또한, 채널 운영법을 익히는 데에도 많은 시간이 들것이므로 한두 가지의 채널만 운영하지만 퍼널이 성장함에 따라 여러 채널을 동시에 운영하여 다양한 방법으로 고객의 유입 경로를 만들어 가는 것이 좋다.

퍼널을 만드는 과정에서 당신이 생각지 못한 아이디어가 탄생할 수도 있고 당신의 아이템이 더욱 성공 가능성 있는 정교한 모습으로 다듬어질 수도 있다. 당신의 퍼널에 참여한 사람들 때문에라도 당신이 움직일 수 있는 원동력과 실행력을 갖춰 나갈 수도 있다.

SNS 채널을 만들자. 그러면 당신은 이미 성공 창업자에 한 발 더 다가선 것이다

7-3 퍼널 운영하기 11단계

이제 나만의 퍼널 만들기를 시작해 보겠다. SNS를 활용해서 만들면 된다고 했으니 우선 가입을 해야 한다. 그래서 내 페이지가 만들어졌다. 이제 뭔가를 올려야 할 것 같은데 무엇을 올려야 할지 모르겠다. 일단 지난주 아이들과 함께 갔던 공원에서 찍은 사진 중에 우리 아이가 가장 예쁘게 나온 사진을 골라 올린다. 해시태그라는 것을 걸어야 검색이 잘 된다고 하니 '#공원#가을#우리딸'과 같은 검색어도 넣어 본다.

어떠한가? 너무나 익숙한 내가 그동안 했던 채널 운영 방법인가? 지금까지 당신이 이런 방식으로 채널을 운영했다면 이건 사적인 방식의 운영법이다. 창업 아이템을 위한 채널 운영은 달라져야 한다. 당신의 취미, 관심사, 당신의 사생활을 기록하는 저장 창구로서의 SNS 활용은 더는 없다. 당신이 선정한 아이템에 대한 정보를 전달하고 그 정보에 관심 있어 하는 사람들을 모아야 한다.

내 아이템에 대한 정보 제공이라고 하면 아직 서비스가 없거나, 어떤 분야인지만 생각해 두고 구체적인 내용도 없는데 어떻게 하자는 건가 궁금할 수 있을 것이다.

유튜브 채널 중에 '닥터프렌즈'라는 채널이 있다. 친구 사이인 정신과 전문의, 이비인후과 전문의, 내과 전문의 3명의 의사들이 나오는 채널로 100만 명이 넘는 구독자를 보유하고 있는 유명 채널이다. 의사들이 만든 채널답게 각각의 전문 영역에 연관된 질병과 관련된 정보도 전달해 주고 있다. 하지만 그 채널이 100만 명이 넘는 구독자를 유치하게 된 가장 큰 이유는 따로 있었다. 사람들이 흥미 있어 할 만한 의학이나 우리 신체와 연관된 역사적인 이야기, 예를 들면 '두통 치료의 역사', '생매장의 역사' 같은 흥미로운 이야기를 해 주는 코너가 인기를 끌면서 엄청난 흥행으로 연결되었다. 이러한 내용은 우리의 건강이나 질병과 크게 연관은 없지만, 그들이 다루는 의학과 인체라는 주제 안에서는 벗어나 있지 않으면서 사람들의 흥미를 유발하고 있다. 그밖에 의료 드라마나 영화들을 리뷰하기도 하고 의사 사회에 대한 편견을 깨는 다양한 이야기들을 통해 자신들을 알리고 있다.

또 맘스타그램(@mom_stagram)이라는 아이디로 활동하고 있는 인스타그램 운영자가 있다. 맘스타그램이라는 이름답게 육아에 관련된 내용을 다루는 채널이라고 쉽게 상상할 수 있다. 하지만 그녀가 다루는 내용은 육아에 관련된 내용뿐만 아니라 엄마 주부들이 겪을 수 있는 모든 상황에 대한 정보를 제공하고 있다. 생활비를 절약하는 법이라던가 남편과 관계를 개선하는 방법, 아이를 위한 공부법, 아빠들을 위한 육아법 등 가족과 육아라는 주제를 가지고 다양한 시선에서 접근할 수 있는 정보들을 제공하여 사람들의 관심과 참여를 유도하고 있다.

　나 또한 '도전하는 엄마들의 이야기/워크맘'이라는 유튜브 채널을 운영하면서 다양한 분야에서 고군분투하는 엄마 창업자들의 이야기를 담고 있다. '여러분의 인생을 위해 창업을 하세요.'라고 말하는 것은 너무 직접적이라고 생각했다. 우리와 비슷하지만 먼저 도전하여 성공하고 있는 다른 사람들의 이야기를 보다 보면 어느 순간 '나도 해 볼 수 있지 않을까?' 하는 마음을 불러일으킬 수 있을 거라 생각했다. 그래서 시작한 유튜브 채널이었다. 그와 더불어 유튜브 채널을 통해 마음이 움직이고 더욱 직접 어떻게 시작할 수 있을까 궁금해하는 구독자들을 워크맘 카카오 오픈 채팅방으로 유입하여 직접적인 창업, 교육 정보 등을 제공하여 가까이에서 소통하며 만나고 있다. 또 일주일에 한 번은 꼭 유튜브 콘텐츠를 올린다. 그리고 주말을 제외한 매일 아침 각종 정부 기관과 비영리단체에서 제공하는 취업, 창업의 무료 교육 및 지원 사업 정보를 추려 공유하는 것이 나의 루틴이다. 어쩌다가 한 번씩 내가 공유한 정보가 너무 유익했다며 감사함을 표시하는 분들이 계신다. 그럴 때마다 나는 내가 정말 이 일을 잘하고 있다는 보람을 느끼고 있다. 그게 내가 이 일을 지속할 힘이 되어주고 있다.

　당신은 이제 당신이 선정한 당신 아이템과 그에 관련된 것의 전문가가 되어야 한다. 전문가가 아니면 전문가가 될 수 있도록 이제부터 공부해야 한다. 당신의 아이템과 서비스를 받고 사용하길 원하는 고객을 상상해 보자. 고객이 어떤 것에 관심 가질지 어떤 것을 좋아할지 떠올려 보자. 그들이 원하는 것을 찾아 알려 주어라. 그들이 좋아 할만한 정보라면 책, 뉴스, 영화나 드라마, 논문, 해외 기사 등 어디서든지 다양한 정보를 찾아야 한다. 그리고 게시하고자 하는 채널의 특성에 맞게 재편집해서 제공해야 한다.

어느 정도 나의 채널에 관심 두는 사람들이 쌓이면 내 아이템과 연계된 내용의 세미나나 무료 강연을 주최해 볼 수도 있다. 최근에는 코로나의 영향으로 다양한 비대면 세미나 운영 플랫폼이 발달하고 있다. 위치나 공간의 제약 없이 나에게 관심 있는 사람들을 모아 온라인 세미나를 진행해 보는 것이다. 줌(Zoom) 프로그램이나 인스타그램, 유튜브의 라이브 프로그램을 활용해 볼 수 있다.

세미나는 기존의 내 채널에서 내가 일방적으로 제공하는 정보를 고객들이 원하는 시간 공간에서 마음대로 볼 수 있는 활동하고는 다르다. 시간을 맞추고, 자신들의 시간을 투자해 나의 서비스에 대해 더욱 자세히 알고자 하는 사람들이다.

채널의 구독자나 팔로우보다는 적게 모이겠지만 적극적으로 참여해야 하는 활동이기 때문에 정말 관심이 높은 사람들로 걸러질 수 있다. 이렇게 모인 고객들은 내가 제공하는 정보와 서비스에 만족하고 있는 사람들이란 의미이다. 이들에게 제공되는 무료 세미나의 만족도에 따라 이들은 나에게 '돈을 지급하는' 진짜 고객이 될 수도 있다.

고객과 당신 사이의 신뢰를 쌓는 작업, 바로 이것이 퍼널이다.

퍼널을 운영하는 단계별 방법은 아래와 같다.

단계	구분	내용
1단계	채널 설정	유튜브, 인스타그램, 블로그 등의 채널을 선택
2단계	주제	어떤 정보를 제공할 것인지 주제의 범위를 정함
3단계	벤치마킹	나와 유사 콘텐츠를 제공하는 채널을 찾아 분석
4단계	콘텐츠 생산	선택 채널에 맞는 정보 재가공
5단계	운영	유튜브 최소 1주일에 1개, 블로그, 인스타그램은 매일 1개씩의 콘텐츠를 꾸준히 생산
6단계	분석하기	올린 게시물중 가장 효율이 좋은 게시물을 분석, 반복적으로 유사 스타일의 효율이 높다면 그 게시물 스타일의 콘텐츠 생산의 빈도를 높임
7단계	커뮤니티 형성하기	소극적 참여 고객 소통 유도, 카카오 오픈 채팅, 네이버 카페 개설
8단계	무료 세미나 제공	자신의 아이템이 제공할 수 있는 기능과 관련된 주제를 선정하여 무료 세미나 개최
9단계	유료 전환	유료 서비스 고객 전환
10단계	관리	고객 단계별 맞춤 관리 제공
11단계	반복	1단계~10단계의 동시 운영 및 반복

다음은 퍼널 설계의 예시들이다.

친환경 제품 디자인 서비스

친환경 정보, 환경 지식, 환경 뉴스 등 정보를 알리는 단계

환경에 관심있는 사람들이 모임

내 채널에 구독 또는 팔로우를 통해 지속적인 관심을 갖기 시작

그린워싱과 관련된 무료 세미나 개최

강연에 참가

만족 및 신뢰 형성

구매

부동산

부동산 계약 방법, 지역별 초지 정보, 인테리어, 풍수 등의 부동산 관련 정보 제공

부동산 투자 및 구매 예정에 있는 사람들의 모임

내 계정에 구독 또는 팔로우를 통해 지속적인 관심을 갖기 시장

투자 사기당하지 않는 법과 관련된 무료 세미나 개최

강연에 참가

만족 및 신뢰 형성

투자 상담 의뢰 및 계약

심리상담

심리학 이론, 성격 및 정신 질환 관련 정보, 심리 치료 등 정보 제공

심리와 정신 질환에 관심 있는 사람들의 모임

내 채널에 구독 또는 팔로우를 통해 지속적인 관심을 갖기 시작

소시오패스 구별법과 관련된 무료 세미나 개최

강연에 참가

만족 및 신뢰 형성

상담 의뢰

아로마 세러피스트

향수 역사, 아로마 유래, 치료법, 아로마 향수 만드는 법 등 정보 제공

향기와 아로마 세러피에 관심있는 사람들의 모임

내 계정에 구독 또는 팔로우를 통해 지속적인 관심을 갖기 시장

심리 상태에 따른 향기 치료에 관련된 무료 세미나 개최

강연에 참가

만족 및 신뢰 형성

맞춤 세러피 유료 서비스 결제

나만의 퍼널을 계획해 보자.

나만의 퍼널을 계획

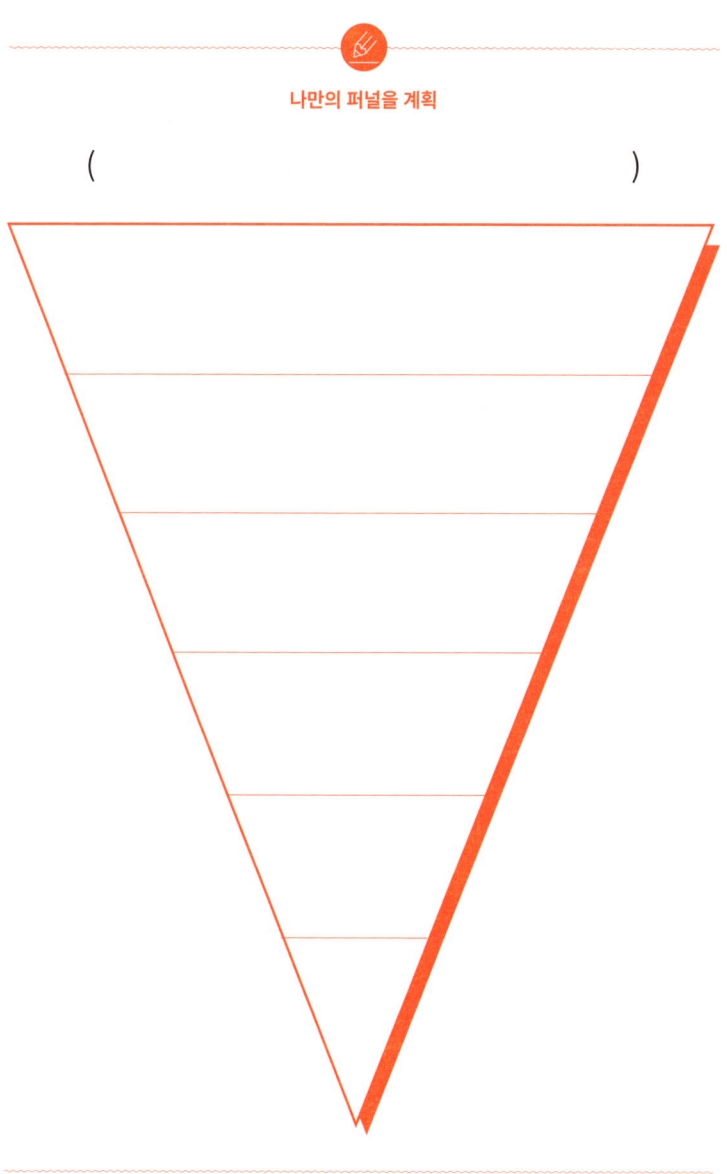

7-4 퍼널 성장을 위해 지켜야 할 5가지

　　　　퍼널은 고객을 최종 구매 단계까지 이르게 하는 마케팅의 한 기법이다. 우리도 SNS를 보다 보면 혹하고 끌리는 무료 강의나 무료 서비스들을 발견하게 된다. 특히나 자신의 필요성을 느끼는 분야에서 이런 혹하는 문구들의 무료 서비스를 발견하면 한 번쯤 클릭하지 않을 수 없게 만들 것이다.

　당신은 이런 무료 서비스나 강의를 받아본 경험이 있는가? 무료 강의나 서비스를 받아보고 느끼는 감정이 어떤가? '역시 무료니까 이 정도 수준이구나!' 하고 생각했나? 아니면 '무료인데도 이 정도야?' 하는 생각이 들었나?

　여러분이라면 어떤 서비스에 비용을 내고 싶은가? 당연히 후자 쪽일 것이다. 무료인데도 양질의 내용을 제공하는 서비스는 돈을 내면 얼마나 더 좋은 서비스를 받을 수 있을지 기대하게 만든다.

이렇게 나의 고객으로 전환되는 퍼널을 만드는 방법은 따로 있다.

1. 양질의 서비스나 콘텐츠를 제공해야 한다.

어디서나 볼 수 있는 내용이 아닌 나만이 제공할 수 있는 콘텐츠를 만들어야 한다. 같은 내용이더라도 나만의 관점에서 재해석한 새로운 형태로 가공하여야 한다. 내 아이템과 연계된 모든 정보를 찾아내고 발견하고 나만의 스타일로 재가공하여 생산한다. 내가 새롭게 생산한 콘텐츠면 제일 좋다. 내가 가장 먼저 제공할 수 있는 차별화된 콘텐츠를 위해 자료를 찾아보고 책을 읽는 것을 꾸준히 해야 한다.

2. 꾸준함은 기본이다.

SNS 팔로우를 늘리는 법을 검색해 보면 가장 먼저 나오는 방법이 '하루에 한 개씩은 꾸준히 발행하자.'이다. 사실 매일 SNS의 콘텐츠를 한 개씩 생산해 내기가 쉽지 않다. 새로운 정보를 만들어 내야 하는 작업이므로 시간과 노력이 들어가는 행동이기 때문이다. 하지만 이 과정은 퍼널의 성장뿐만 아니라 나의 성장을 위해서도 아주 중요한 행동이다. 매일매일 꾸준한 할 일을 만들고 공부를 하고 자료를 찾는 과정을 1년만 반복해도 나는 그 분야의 전문가가 될 수 있다. 느리더라도 반응이 오지 않아도 나를 위해 꾸준함을 지켜라. 분명 알아주는 사람들이 생길 것이다.

3. 팔로워들과 소통이 중요하다.

나는 항상 기분을 중요하게 생각한다. 상황을 좋게 평가할 수 있고 나쁘게도 평가할 수 있는 것이 사람들의 기분이기 때문이다. 식당에 들어갔을 때 식당 주인이 반갑고 친절하게 인사하며 맞이하는 식당의 음식은 왠지 맛이 기대만큼 좋지 않아도 실망스럽지 않기도 한다. 반면에 아무리 맛집이라 하더라도 불친절한 서비스는 그 식당을 다시 찾고 싶은 생각을 들지 않게 하기도 한다. 이렇듯 사람들과의 교감을 통해 나와 함께 하는 것이 기분 좋게 만드는 것, 이것이 좋은 소통이다. 단 한 명의 팔로워라도 감사한 마음으로 소통을 해 보자. 나를 반겨주는 이가 있다는 것, 그 기분이 당신의 팬으로 만들어 줄 수도 있다.

4. 혜택을 제공하자.

내 채널에 누군가 찾아와 '아, 이곳은 나에게 유익하구나!'라고 인식하는 것이 바로 혜택이다. 스트레스를 완화시켜주는 '즐거움'일 수도 있고, 내 삶에 유용한 '정보'일 수도 있다. 바쁜 삶에 여유를 줄 수 있는 '편안함' 또한 혜택이다. 우리가 몰랐던 '상식'이나 '지식'이 될 수도 있다. 당신의 채널에서 팔로워들에게 전달할 수 있는 혜택이 무엇인가? 당신의 아이템과 연관 지어 생각해 보자.

5. 나의 진짜 팬을 만들어 보자.

가장 중요한 것은 이 모든 것들에 진심이 담겨 있어야 한다는 점이다. 우리가 하고자 하는 것은 단순히 팔로워를 늘려 잠재 고객 수를 늘리는 것이 아니다. 내 아이템과 아이템을 통해 내가 사람들에게 알리고자 하는 메시지, 그것을 알아주는 사람들을 만드는 것. 그게 우리가 퍼널을 만들고 확장시키려는 목적이다.

내가 이 아이템에 얼마나 진심인지, 이 아이템이 사람들의 삶을 어떻게 더 좋게 만들 수 있을지, 어떤 도움을 줄 수 있을지를 전달하는 것이 우리의 목적이다. SNS 빠르게 성장시키는 법, 단기간에 팔로워 수 늘리는 법 이런 방법들에 너무 현혹되지 말아라. 내 진심을 알아주는 사람들을 만드는 것, 나의 팬을 만드는 것, 그것이 우리가 하려는 퍼널의 진짜 목적이다. 단 한 명이라도 당신을 진심으로 알아주는 당신의 진짜 팬을 만들어 보자.

6. 느리더라도 조급해하지 말자.

당신이 퍼널을 만드는 목적을 잘 생각해야 한다. 당신이 하려는 창업 아이템을 통해 삶을 성장시키려는 것이 퍼널의 목적이다. 조금 느리더라도 공부하고 기록하며 실천하는 마음으로 퍼널을 성장시켜 나가 보자. 단 한 사람이라도 당신의 진심을 알아주는 사람이 생기는 것이 더 중요하다.

당신의 퍼널을 통해 만나게 된 사람들이 당신 창업 아이템의 동료일 수 있다. 실제로 우리 워크맘 팀원 중에 그렇게 함께하게 된 분이 있다. 워크맘 유튜브 채널을 보고 워크맘 오픈 채팅방에 참여하다가 우리가 제공하는 워크숍에 참여해 보고 우리와 함께 일하고 싶다는 제안을 주었다. 현재도 내가 많이 의지하고 있는 팀원 중에 한 분이다.

사람들의 의견을 듣고 어떤 반응이 있는지에 더욱 몰두해 보자. 당신의 퍼널 속 콘텐츠의 양이 쌓여갈수록 어느 순간 당신을 알아봐 주는 사람들이 늘어가기 시작할 것이다. 본질을 잃어버리지 말자.

08

창업 6단계

엄마 기업가정신

6TH STEP

당신만이 그 기회를 잡을 수 있다.
당신은 엄마이기 때문에.

8-1 엄마의 기업가 정신

　　　　20년 가까이 회사에 다니면서 내 일이 있어 좋았다는 한 엄마는 육아라는 커다란 난관에 봉착했을 때 처음으로 회사를 그만두어야 하나 망설였다고 했다. 안정적인 직장에 나름대로 인정도 받고 만족스럽게 다니던 회사였다.

　　그런데 육아를 시작하면서 상황이 달라지기 시작했다. 아이로 인한 갑작스러운 돌발 상황들로 회사에 항상 양해를 구해야 하는 일이 자주 발생했다. 또 아침마다 자신의 아이를 제일 먼저 어린이집에 맡겼다가 저녁 7시가 넘은 제일 마지막 시간에 집에 데리고 오니 항상 아이한테도 미안한 마음이 들었다. 회사에도 미안하고, 아이한테도 미안하고, 두 가지 다 완벽하게 하지 못하는 자신이 미워지는 순간도 있었다고 했다.

　　그랬던 엄마는 자신이 불편하게 생각했던 '돌봄'이라는 키워드를 가지고 창업을 하기로 했다. 자신이 아이를 돌보기 힘들 때 다른 누군가가 도와주면 좋겠다는 아이디어가 바로 창업 아이디어로 연결되었다. 현재는 180억 원이 넘는 투자를 유치하며 엄마 창업가의 대표 주자가 된 한 엄마 대표님의 이야기이다.

디자이너 출신의 엄마 대표님은 아이를 낳고 육아를 경험하면서 무조건 쓸 수밖에 없었던 기존의 육아용품들에서 문제점을 발견했다. 엄마들이 사용하기에는 디자인도 예쁘지 않으면서 너무 무겁고 부피가 커서 사용하기 어렵다는 점이었다. '왜 예쁘고 편리하면서 엄마와 아이가 밀착될 수 있는 육아용품은 없을까?' 하는 생각에서 창업은 시작되었다. 생각난 김에 해 보자는 가벼운 마음으로 시작한 사업은 현재 수출까지 진행하며 연 매출 100억이 넘는 기업으로 성장했다.

나는 스무 살에 늦둥이 동생이 태어나면서 처음으로 육아를 경험했다. 막 대학생이 되어 친구들과 놀고 싶은 마음이 더 컸던 나이였다. 맞벌이하시던 엄마를 도와야 했기 때문에 놀다가도 동생을 돌보라는 전화가 오면 하던 것도 멈추고 집으로 돌아가 동생을 돌보곤 했다. 사실 돌보는 것이 너무 힘들어서 매일 동생을 데리고 마트든 백화점이든 동네 공원이든 데리고 가서 시간을 때우는 것이 전부였다.

지금과 같은 멋있는 아기 띠도 없었던 시절이었다. 마흔 살이 넘은 엄마는 동생을 항상 포대기로 업고 돌봤다. 젊은 아가씨였던 나는 포대기로 업으면 영락없는 아기 엄마처럼 보이는 것이 너무 싫어서 동생을 업어준 적도 없었다. 팔이 빠지게 아파도 항상 앞으로 안고 다녔던 기억이 있다. 이때 육아는 나를 희생해야만 가능하다는 것을 느꼈던 것 같다.

위기의 상황이나 불편함에서 긍정의 마인드로 기회를 창출하고 성장으로 끌어내는 자세를 '기업가 정신'이라고 한다. 엄마들은 처음 육아라는 것을 경험하면서 처음으로 자기 스스로는 혼자 해결하기 힘든 좌절을 경험하게 된다. 발달 과정에 맞게 항상 다르게 대응해야 하는 것도 언제나 처음 겪어보는 모르는 것 투성이다. 육아서를 아무리 읽고 그대로 해 봐도 실전은 쉽지 않다. 그런 과정에서 많은 엄마는 더 나은 육아, 더 나은 환경을 만들기 위해, 내 아이를 위한 더 나은 미래를 만들기 위해 불편함을 발견하고 성공적으로 해결해 나가고 있다.

엄마들은 간절하다. 내가 직접 겪은 불편함, 아이에 대한 사랑, 더 나은 환경을 만들어 주고 싶은 소망들, 그리고 자신이 더욱 좋은 사람이 되고 싶은 마음들은 엄마를 창업자라는 새로운 세계로 이끌기도 한다. 엄마의 시선은 '나'라는 시선에서 아이와 연결된 '미래'라는 시선으로 확장된다. 엄마의 눈으로 바라본 세계는 불편함 투성이이고 해결해야 할 문제들이 산더미이다. 우리 아이가 살아갈 미래가 지금보다 더 나은 환경이길 바라는 마음에서다.

엄마들만이 가질 수 있는 기업가 정신이 있다. 아이를 낳아 보지 못한 나도 할 수 없고, 남자들은 더욱이 할 수 없다. 아이를 직접 낳아본 여성들, 바로 엄마들만 할 수 있는 영역이 있다. 엄마의 시선으로 세계를 바라보자. 내 아이가 살아갈 미래 세계를 상상해 보자. 그리고 어떤 세상을 살아가면 좋을지 생각해 보자. 그리고 현재를 바라보자. 무엇이 달라지면 좋을까? 어떤 점이 개선되면 좋을까? 기회는 무궁무진하다. 그리고 당신만이 그 기회를 잡을 수 있다. 당신은 엄마이기 때문에.

8-2 신데렐라 같은 워킹맘들의 시간

아침 10시부터 오후 4시까지.

이것은 무슨 시간일까? 3~4세 이상의 아이를 둔 엄마들은 모두 다 아는 시간일 것이다. 바로 아이를 유치원에 보내고 난 이후 10시부터 아이들이 집으로 돌아오는 시간인 4시까지를 말한다.

갓 태어난 아이들은 시도 때도 없이 잠을 자고 또 하루에도 열 번씩 수유를 해야 한다. 아이를 낳기 하루 전까지도 밤에 자고 아침에 일어나는 생활을 당연하게 했는데 하루 만에 갑자기 아이로 인해 엄마의 생활 루틴은 엉망이 되고 만다. 그렇게 엄마가 되는 순간, 자신의 시간은 없어지고 만다.

그러다가 다시 자신의 시간이 맞춰지게 되는 타이밍이 있다. 바로 아이들이 유치원에 다닐 수 있게 되면서부터이다. 이전까지 엄마들은 아이들 시간에 맞춰 정신없이 살면서 자신을 잃어감을 느끼는 경우가 많다. 그러다 갑자기 아이들을 유치원에 보내고 혼자만의 시간이 생기기 시작하면서 자신의 삶이 무언가 잘못되어 가고 있다는 것을 느끼기 시작한다. 엄마들이 자신을 다시 찾기 위해 공부를 시작하기도 하고 재취업을 알아보기도 하는 시기가 바로 이 시기이다.

전업주부였던 한 엄마가 우리 회사에서 아르바이트한 적이 있었다. 4살, 7살짜리 두 아이가 있던 그녀의 일상은 이랬다. 아침 9시 반까지 아이들 등원 준비와 유치원에 데려다 주고, 10시에 출근을 했고, 4시에 퇴근을 했다. 5시에 아이들이 집에 도착하기 때문이었다.

나는 그녀를 보면서 마치 신데렐라 같다는 생각이 들었다. 자정이 넘어가면 마법이 풀리는 신데렐라처럼 10시부터 4시까지만 워킹맘으로 변신하는 엄마 말이다.

엄마들의 시간은 특별하다. 엄마 창업자들이 온전히 자기를 위해 활용할 수 있는 시간은 10시부터 4시이다. 이 시간을 잘 활용해야 한다. 점심시간을 제외하면 하루 5시간밖에 주어지지 않은 시간이다. 짧다면 짧은 5시간이지만, 5시간이면 비행기로 '서울-부산'도 왕복할 수 있는 시간이다.

엄마 창업자들의 성공 관건은 바로 이 짧은 시간을 어떻게 활용하느냐에 달려 있다. 엄마 창업자들이 활용할 수 있는 시간 관리법을 잘 알고 적용한다면 조금은 더 빠른 성공에 다가갈 수 있지 않을까?

다음과 같은 시간 관리법을 한번 활용해 보자.

1. 아침에 아이들보다 조금 더 일찍 일어나서 오늘의 할 일을 계획한다.

아침이 어려우면 전날 자기 전에 해도 괜찮다. 짧은 시간을 효율적으로 활용하기 위해서는 하루의 할 일을 미리 계획하는 것이 매우 중요하다. 중요한 일이나 해야만 하는 일을 우선순위로 정하고 시간이 나는 순간 바로바로 일을 처리한다. 하루 단위로 일의 콘셉트를 정하는 것도 좋다. 외부 일정이 여러 개 있다면 하루 날을 잡아 외부 일정의 날로 계획을 세우고 머릿속으로 효율적인 동선을 짜서 한꺼번에 일을 처리한다. 집에서 일해야 하는 날은 외부 일정이나 외부 연락을 되도록 피하고, 사무적인 일들을 몰입해서 처리한다. 쉬거나 일과 관계없는 외부인을 만나는 날도 정한다. 그런 날은 긴장을 버리고 쉬는 데 몰입하도록 한다. 낭비되는 시간을 최소화해야 한다. 그날의 콘셉트를 정하고 그 순간에 최선을 다해 집중하는 습관을 만들어 보자.

2. 나의 시간 활용 유형을 파악해 자투리 시간을 확보하자.

일하는 엄마가 된다는 것은 다른 사람들보다 시간 활용을 2배로 부지런히 해야 한다는 뜻이기도 하다. 아이들이 일어나기 전인 오전 이른 시간, 아이들이 다 잠들고 난 후인 밤늦은 시간 등 남는 자투리 시간이 무척 소중하게 느껴질 것이다. 자신과 아이들의 생활을 잘 관찰하고 추가로 활용할 수 있는 자투리 시간도 찾아보자. 미라클 모닝이 유행이긴 했지만, 꼭 새벽에 일찍 일어나야 할 필요는 없다. 자신이 아침형 인간인지 저녁형 인간인지 아는 것도 중요하다. 욕심을 부려 새벽 시간, 저녁 시간 전부 다 활용해야겠다 생각할 필요 없다. 하루 최소 6시간 이상 충분히 잠을 자는 것도 중요하다. 두 가지 다 실험을 해 보고 자신이 더욱 집중할 수 있는 시간이 언제인지 파악해 보자.

3. 아침 루틴을 만들어 보자.

미라클 모닝이 엄마들 사이에서 엄청난 유행이던 때가 있었다. 새벽 4시에 일어나서 독서를 하고 긍정 확언을 하며 하루를 시작하는 루틴이다. 이 미라클 모닝의 긍정적인 효과는 바로 아침 루틴을 만들고 실행한다는 점이다. 누구나 아침에 일어나면 비몽사몽이라 무엇을 먼저 해야 할지 잘 생각이 안 나기 마련이다. 루틴을 만들었을 때 좋은 점은 일어나자마자 해야 할 일이 있다는 것이다. 이성적인 뇌를 깨우고 하루를 집중할 수 있는 마음가짐을 만들어 준다. 나에게 잘 맞는 아침 루틴을 만들어 보자. 하루에 30분씩 책을 읽는다던가, 블로그나 SNS의 콘텐츠를 만든다던가, 매일매일 꼭 해야 하는 것들을 나 스스로 정하고 실행해 보자. 가뿐한 하루를 시작할 수 있을 것이다.

4. 하루에 한 번은 혼자만의 시간을 만들어라.

아침부터 일찍 일어나 아이들을 챙긴다. 그사이 부랴부랴 짜여진 일을 하다가 아이들 하원 시간에 맞춰 다시 아이들과 시간을 보낸다. 아이들이 잠들면 나머지 집안일을 하다 지쳐 잠드는 게 엄마 창업가들의 하루 루틴이다. 이렇게 온종일 정신없이 지내다 보면 몸도 지치지만, 마음까지 지칠 수밖에 없다. 하루 중 십 분이라도 머릿속을 정리하고 자신의 마음을 들여다볼 수 있는 시간을 만들어 보자. 오늘 나의 감정이 어땠는지, 혹시 분노나 짜증 같은 부정적인 감정이 남아 있지 않은지, 심호흡하고 눈을 감고 내 마음에 집중하자. 번아웃은 나를 돌보지 않았을 때 발생할 수 있는 마음의 병이다. 하루에 5분, 10분 잠시 혼자만의 시간을 가지며 나를 돌보는 시간을 갖는 것. 번아웃을 예방하는 방법이다.

모두에게나 똑같은 시간이 주어진 것은 아니다. 내가 어떻게 관리하고 활용하느냐에 따라 누구에게는 하루가 12시간이 될 수 있고, 누구는 48시간처럼 사용할 수 있다. 성공적인 일하는 엄마로의 삶은 시간을 얼마나 잘 관리하는가에 달려 있다. 엄마의 시간은 더욱 특별하다.

8-3 멀리 가려면 함께 가라

　사실 창업가의 길은 멀고 험난하다. 알려주는 사람 없이 스스로 결정하고, 혼자 걸어나가야 하는 길이기 때문이다.
　사람들은 본래 쉽고 편한 것을 좋아한다. 고통을 회피하고 쾌락을 좋아하는 것이 사람의 본능이다. 창업이라는 고통스러운 길을 혼자 가는 것은 고통을 가중하는 일이다. 그러니 자신의 상황과 비슷한 사람들을 찾아보자. 힘든 길을 혼자가 아니라 서로 응원하며 함께 가는 사람들이 있다는 것만으로도 고통이 줄어들거다.
　하지만 나에게 도움이 되는 모임이 있고, 도움이 되지 않는 모임도 있다. 사람 관계가 가장 어렵다는 말이 있을 정도로 도움이 되지 않는 사람들을 만났을 때 빼앗기는 에너지는 성장에 오히려 방해되기도 한다. 사람에게 받은 상처가 독이 되어 내 마음을 공격하기도 하기 때문이다.

네트워크를 형성하는 데에도 방법이 있다. 당신의 창업을 더욱 효과적으로 성공시킬 수 있는 네트워킹의 비결은 다음과 같다.

1. 나와 다른 아이템을 하는 사람들을 만나라.

융합의 시대이다. 한 가지 장점으로는 살아남을 수 없는 시대이다. 다양한 관심사와 다양한 관점을 가진 사람들을 만나서 서로에 대해 알아가는 것만으로도 견문을 넓힐 수 있다. 앞 장에서 배운 창의력 훈련법을 적용해 나와 전혀 다른 아이템을 가진 사람들과 협업을 통해 새로운 기회를 창출해 볼 수도 있다. 세상에는 정말 많은 사람과 다양한 분야의 전문 영역들이 있다. 다양한 전문 영역의 사람들을 만나는 것은 나와 다른 세상을 연결하는 또 다른 방법이다. 마음을 열고 다양한 사람들을 만나는 것을 두려워하지 말자.

2. 자기 계발 모임을 만들어 보자.

성공적인 창업은 사실 대표자의 역량이 9할이라고 해도 과언이 아니다. 빠르게 변화하는 세상에서 자신의 사업이 뒤처지지 않으려면 창업자는 자기 계발을 게을리하면 안 된다. 이럴 때 스트레스도 풀고 자신의 성장도 놓치지 않을 수 있는 자기 계발 모임을 만들어 보자. 한 달에 한 권 읽는 독서 모임도 좋고, 아침 루틴을 함께 하는 동료 모임이나 함께 운동하는 모임도 좋다. 자기 계발을 위한 모임의 가장 큰 특징은 자기 발전을 위해 만난 사람들의 모임이기 때문에 다들 서로의 성장을 위해 노력한다는 것이다. 매우 긍정적이다. 긍정적인 사람들은 나를 긍정적이고 기분 좋게 만든다. 멀리 가는 창업자는 꾸준히 자기 관리를 한다. 다 같이 성장할 수 있는 즐거운 자기 계발을 모임으로 만들어 보자.

3. 남에게 주는 것을 아까워하지 말자.

돌아오는 이익이 없어도 사람들에게 잘 내어놓는 성향의 사람이 있다. 어떤 사람들은 주는 사람들 것을 받기만 하고 자신의 것을 잘 내어놓지 않는 사람도 있다. 또 어떤 사람들은 돌아오는 이익이 있을 때만 내 것을 내어놓는다. 이 경우 가장 성공적인 조합의 만남은 돌아오는 이익이 없어도 서로 잘 나누는 사람들끼리 만났을 때이다. 이 말은 내 주변에 이런 사람들이 많아야, 내가 성공할 확률도 높아진다. 이런 사람을 가장 잘 구별해 낼 방법은 조건 없이 내 것을 먼저 내어놓고, 그러고 나서 사람들의 반응을 살펴보는 것이다. 받기만 하고, 아무것도 내어놓지 않는 사람들을 경계해야 한다. 이런 사람들을 구별해 낼 수 있는 능력을 기르는 것 또한 나를 성장시키는 방법이다. 자신의 것을 아끼지 않는 사람들을 내 곁에 두어라. 그러려면 내 것도 기꺼이 내어놓아야 한다. 아깝게 생각하지 말자.

4. 나의 일을 가족과 항상 공유해야 한다.

누가 뭐래도 가족은 나의 1차 지원군이다. 남편이나 아이들을 나의 팀으로 만들어야 한다. 남편이나 아이들이 내 일을 돕지 않는다고 해서, 이해 못한다고 해서 그들을 소외시키면 안 된다. 창업하다 보면 심리적으로 매우 지치고 스트레스받는 상황들이 연속적으로 발생한다. 그럴 때마다 나를 가장 잘 이해해 주고 응원해 줄 사람들은 가족이라는 것을 잊지 말아야 한다. 나의 성공을 진심으로 환영해 줄 사람은 가족이다. 항상 가족과 공유하고 상의하자. 창업 후, 달라진 당신의 모습을 이해 못 하던 남편도 당신의 노력과 고충을 공유하기 시작하면 어느새 당신과 한 팀이 되어 있는 것을 발견할 수 있을 것이다.

나는 창업을 혼자 시작했다. 사람들을 만나고 하릴없이 떠드는 시간이 아까워 네트워크가 싫다고 외치던 시절도 있었다. 하지만 4번의 창업 실패를 겪고 5번째 창업을 시작하면서 이제야 '멀리 가려면 함께 가라'는 말의 진정한 의미를 깨닫기 시작했다.

좋은 사람들을 곁에 두자. 당신이 달라져야 좋은 사람들을 만날 수 있다.

8-4 80% 법칙

　'아무것도 하지 않으면 아무 일도 일어나지 않는다.' 내가 생각하는 나의 가장 큰 강점은 실행력이다. 이 말을 모르는 사람들은 거의 없을 것이다. 이 말은 실행력을 설명하는 매우 대표적인 명언이라고 생각한다.

　실행력이란 원하는 결과물을 얻기 위해 실제 필요한 일을 행동으로 옮길 수 있는 실천 행동 역량을 말한다. 계획한 것을 행동으로 전환하는 역량이며 성공을 위해서는 절대적으로 없어서는 안 되는 요소이다.

　나는 사실 실행하는 것을 별로 어렵지 않게 생각하고 있다. '일단 한번 해 보지 뭐.' 하는 생각으로 아이디어가 생각나면 그 아이디어를 실행하는 방법을 빠르게 계획하고 시도해 보는 것이다. 나는 이런 방식을 습관처럼 해 와서인지 사실 이게 어려운 것인지 잘 모르고 살았었다. 그래서 주변 사람들이 "나 이런 거 해 보려고 생각 중이야!"라고 얘기했을 때 "그럼 당장 한번 해 보자."라고 항상 얘기한다. 그리고 난 어떻게라도 응원하고 도움을 주고 싶어서 그 사람이 기획했던 일이 언제 성사되었다는 소식이 들릴까 기다린다.

그런데 일주일이 지나도 한 달이 지나도 아무런 소식이 들리지 않는 경우가 허다하다. 그래서 다음에 만나게 되었을 때 물어 본다.

"그때 말씀하신 것 어떻게 진행되고 있어요?"

그 뒤에 들려오는 말은 대부분이 '생각 중인데 알아보고 있어요.'라던가 '하긴 해야 하는데 시간이 없어서 말이지요.' 같은 대답이 들려오곤 했다. 나는 답답했다. 일단 해 보면 되는데 무슨 생각이 저렇게 많은 거지?

나는 어느 날 왜 그런지 이유를 알게 되었다. 내가 운영하는 워크맘 유튜브와 오픈 채팅방을 통해 알게 되어 우리 팀까지 합류한 워킹맘 한 분이 있다. 사회복지기관에서 사회복지사로 10년 넘게 근무한 경험이 있는 차분하고 꼼꼼한 성격의 워킹맘이었다. 그녀는 잠깐 일을 쉬는 동안 자신도 창업에 관심이 생겨 찾아보다가 내가 운영하는 유튜브와 오픈 채팅방에 참여하게 되었다고 했다. 그때 우리는 워크맘을 운영한 지 얼마 되지 않았었고, 참여하는 팀원 모두가 재능 기부식으로 참여하는 중이었다. 수익이 전혀 발생되지 않는 상황이었으므로 '일단 하는 것'에 의의를 두자는 취지로 활동하는 중이었다.

우리는 그때 3회차 오프라인 워크숍을 운영했는데 그 사회복지사 워킹맘이 우리 워크숍에 참여하게 되었다. 우리는 초보였고 일단 해 보고 의견을 받아보자 하는 마음으로 진행했기 때문에 진행 방식 역시나 매끄럽게 흘러가지 않았다. 하지만 그녀는 그 워크숍을 참여한 후 우리의 활동에 함께 하고 싶다는 의사를 주었다. 그리고 이렇게 말했다.

"나는 항상 완벽해야지만 할 수 있다고 생각했어요. 그런데 완벽해질 때까지 기다리다 보니 오히려 못하게 되는 경우가 많았어요. 그런데 워크맘을 보고 완벽하지 않지만, 진심이 느껴졌어요. 이렇게도 할 수 있구나. 그래서 함께 해 보고 싶다는 생각이 들었어요."

얼마 전에 함께하는 팀원이 매우 좋은 아이디어를 제안했다. 워크맘 오픈 채팅방에서 사람들과 하루 한 문장 좋은 말 공유하기 챌린지를 해 보고 싶다는 것이었다. 역시나 나는 이렇게 말했다.

"너무 좋은데요? 빨리 내일 당장 해 봐요."

하지만 역시나 며칠이 지나도 소식이 없었다. 그래서 그녀에게 언제부터 할 건지 물어봤다. 그러자 그녀가 말했다.

"완벽하지 않아도 그냥 한번 해 볼까 봐요."

알고 봤더니 챌린지 개시를 알리는 홍보 이미지를 예쁘고 완성도 있게 꾸미고 싶은데 잘 안되니까 구상만 며칠 동안 하고 있었던 것이었다. 완벽하지 않았지만, 이 상태로도 충분하니 올려보자 했다. 사람들은 아무도 그녀가 올린 홍보 이미지를 보고 완벽하지 않다고 나무라지 않았다. 그리고 챌린지를 공유하자마자 많은 사람이 챌린지를 도전해 주기 시작했다. 그 팀원이 말했다.

"이번에 배웠네, 완벽하지 않아도 된다는 걸."

많은 사람이 '해야지' 하고 왜 안 하고 있었는지 답답하게만 생각했었는데 나는 이제야 이유를 깨달았다. 사람들의 시선, 뭔가 내 능력이 탄로되지 않을까 하는 마음, 자신의 만족 등의 이유로 완벽해질 때까지 준비하고 있었다는 것을 말이다.

여러분은 친구의 결혼식장에 갔을 때 친구가 입었던 웨딩드레스를 기억하는가? 많은 예비 신부들이 평생에 한 번뿐인 결혼식을 완벽하게 진행하고 싶은 마음으로 결혼식을 준비하고 싶어 한다. 그리고 그중에 가장 공들여 결정하는 것이 아마 웨딩드레스일 것이다.

회사원 시절 동료 대리님이 결혼식을 준비하며 이 드레스로 할지, 저 드레스로 할지 한 시간을 넘게 고민하는 것을 보며 나도 이런저런 의견을 주다가 결국 이렇게 말하고 말았다.

"대리님! 다 너무 이쁘니까 아무거나 해도 좋을 것 같아요. 어차피 사람들은 대리님이 어떤 드레스를 입었는지 아무도 기억하지 못할 거예요!"

나는 실행력을 이와 같다고 생각한다. 일단 해 보고 결과를 얻어내는 것. 완벽하게 했다고 해서 완벽한 결과를 얻을 수는 없다. 세상에 애초부터 완벽이란 것은 존재하지 않기 때문이다. 내 맘속에 완벽해도 다른 사람들에게는 그렇게 느껴지지 않을 수도 있는 것이다.

일단 해 보자! 100%란 없다. 80%만 됐다 싶었을 때 선보여도 사람들은 당신이 무언가를 하고 있다는 것에 찬사를 보낼 것이다. 그 누구도 완벽하지 않은 당신을 욕하지 않을 것이다.

8-5 워킹맘 효과

　　우리나라는 교육 열풍이 대단하다. 이제는 한집에 아이가 하나나 둘 아니면 아예 안 낳는 부부들도 생겨나고 있다. 하나밖에 없는 자신의 아이들이 고생 안 하고 멋진 삶을 살아가기를 바란다. 가족 수입의 대부분을 아이들의 교육에 쏟아도 부족할 지경이다. 어떤 엄마는 한 푼이라도 살림에 도움이 될까 싶어 남는 시간에 아르바이트를 찾아다니기도 한다. 엄마 창업자 중에서도 다음과 같은 이유로 창업을 결심한 분들이 적지 않게 있을 것이다.

　　"내가 일하기 시작하면 아이들을 볼 시간이 부족해져서 아이들에게 나쁜 영향이 생기지 않을까?"

　　워킹맘들의 마음속에 항상 자리 잡은 질문일 것이다.

　　나의 부모님은 어릴 때부터 맞벌이를 했다. 심지어 나는 4살 때까지 할머니랑 함께 살아서 엄마, 아빠를 자주 만나지도 못했다. 내가 엄마,

아빠랑 함께 살게 된 것은 4살이 되었을 무렵부터이다. 엄마가 많이 보고 싶었던지 할머니 몰래 집을 나가 엄마가 퇴근할 때 늘 내리던 버스 정류장으로 몰래 나간 사건을 계기로 나는 부모님이랑 함께 살게 되었다고 한다.

우리 엄마는 다정한 성격의 엄마는 아니셨다. 갑자기 비가 와도 한 번을 학교 앞으로 데리러 오신 적이 없으셨다. 항상 일하느라 바쁘셨고 나의 놀이터이자 공부방은 항상 엄마가 일하는 일터의 한쪽 구석이었다. 그런데도 성인이 되어 기억하는 엄마의 모습은 자기 일에 열정적인 모습, 자신감 있는 태도, 그런 모습들이다. 예순 살이 넘은 현재까지도 엄마는 일을 놓지 않고 자신의 삶을 살아가고 있다.

많은 엄마들이 출산 후 경력이 단절되어 무언가 하고자 하는 마음이 생겨도 선뜻 나서지 못하는 이유는 아이들 때문일 것이다.

'내가 일한다고 아이들에게 소홀해져서 아이들이 상처받지 않을까?', '교육에 뒤처지지 않을까?' 이런 생각과 괜히 일한다고 나섰다가 자신이 없는 시간에 아이들에게 무슨 일이라도 생기면 자기 탓인 것 같아 불안한 마음이 들기도 한다.

그런데 만약 엄마가 일하는 것이 아이들에게 더 좋은 영향을 줄 수 있다면 어떻게 할 것인가?

'워킹맘 효과'라는 말이 있다. 하버드 경영대학원의 캐틀린 맥긴 교수가 25개국 5만 명의 성인을 대상으로 조사한 결과 워킹맘의 자녀가 성인이 되었을 때 교육, 경제, 사회적으로 전업주부 엄마를 둔 자녀들보다 성취도가 높다는 연구 결과를 냈다고 한다.[9]

---

9) https://www.hankookilbo.com/News/Read/201505172049821464

특히 재밌는 부분은 워킹맘의 자녀가 아들이냐 딸이냐에 따라 다른 연구 결과가 나왔다는 점이다. 워킹맘의 딸들은 교육받는 기간이 더 길었고, 직업을 얻고 중간 관리직에 오를 가능성이 더 컸으며 전업주부의 딸들보다 소득도 23%나 더 높았다고 한다. 아들의 경우는 직업이나 커리어 면에서 별다른 차이는 없었지만, 결혼 후 자녀들을 돌보거나 집안일을 하는데 전업주부의 아들보다 일주일에 7시간 30분, 더 많은 시간을 보내는 것으로 조사 되었다고 한다.[10]

재밌는 결과가 아닐 수 없다. 일하는 엄마를 옆에서 지켜보는 것만으로도 딸은 더 높은 사회적 성취를 이룰 수 있고, 아들은 미래에 가정을 사랑하는 남자로 성장할 수 있다는 것이다.

일하는 엄마로서 살아가는 것 자체가 아이들에게는 살아있는 교육이 된다. 여성이라고 집안일만 하거나 자신들과 아빠를 뒷바라지하는 모습이 전부라고 생각하지 않는 딸로 자랄 수 있다. 남자이지만 엄마가 없는 시간에 스스로 밥도 챙겨 먹고, 빨래나 집 청소도 스스로 할 수 있는 자립심 강하고 가정적인 아들로 성장할 수 있다.

아이들에게 일하는 엄마로 더는 미안해하지 말아라. 더 당당하게, 더 자신 있게 행동해라. 그리고 아이들에게 엄마의 일을 상의하고 공유해 보자. 엄마가 하는 일에 관해 설명하고 알려주어라.

기회가 된다면 엄마의 일터에도 데려가 보자. 아이들은 멋지게 일하는 엄마에 대해 더 큰 존경심을 갖게 될 것이다. 엄마가 일 때문에 자신에게 소홀해진 것을 서운해하는 것이 아니라 이해하는 마음을 갖게 될

---

[10] 한국 여성정책연구원 https://www.kwdi.re.kr/research/ntrandView.do?p=9&idx=109754

것이다. 자신들을 돌보면서 일을 병행하는 엄마의 모습을 보고 자신들이 어떻게 하면 엄마를 도울 수 있을지 생각하게 될 것이다. 엄마처럼 성장할 자신들을 상상하며 스스로 문제를 해결하는 방법도 더 잘 찾게 될 것이다.

아이들은 매 순간 성장하고 있다. 아이들은 부모를 보고 자라난다. 아이들의 롤 모델은 멀리 있지 않다. 어른이 되어서도 성장하는 엄마의 모습을 보여 주어라. '일하는 엄마', 당신이야말로 살아있는 교육이며 아이들의 훌륭한 롤 모델이다.

8-6 슈퍼우먼이 된다는 것

'일도 육아도 잘하고 싶은데 둘 다 내 맘대로 안 돼서 너무 힘들어요.'

내가 만나 본 많은 워킹맘이 하는 공통적인 이야기이다.

나는 패션업계 회사에 다녔다. 2000년대 중후반, 내가 신입 시절에 다니던 회사 디자인실 팀장님들은 대부분 미혼이었다. 자신의 커리어를 지키기 위해 결혼을 미루다 보니 마흔 살이 넘고, 쉰 살이 다 된 나이에도 결혼하지 않고 일에 몰두하던 분들이 많았다.

나보다 나이가 많은 선배 워킹맘들과 인터뷰를 하다 보니 그 이유를 알 수 있었다. 당시에는 한참 경력을 쌓아가다가 결혼을 하는 20대 후반, 30대 초반의 여자들은 대부분 결혼을 하면 회사를 그만두어야 하는 것이 암묵적인 규칙처럼 행해지고 있었다. 불과 몇 년 전만 하더라도 여자들은 결혼하면 일을 그만두고 집에서 육아하고 남편을 뒷바라지해야 하는 분위기가 있었다. 아무리 대학을 나오고 심지어 석사, 박사까지 마친 엘리트라 하더라도 마찬가지였다.

그 당시 결혼한 여성들의 기본 업무는 육아와 살림이었다. 일하는 것은 온전히 자신의 선택이었다. 기본적인 육아와 살림은 여성들의 몫이었으므로 잘하는 것이 당연한 일이었다. 결혼한 여자가 일하는 것은 부차적이기 때문에 자신의 일 때문에 주 업무인 육아와 살림에 소홀해지는 것은 허용되지 않던 시절이 있었다.

일하느라 집안일에 소홀해지면 돌아오는 말은 곱지 않았.

"그러길래 집에서 밥이나 하지 뭐 하러 돌아다녀?"

"네가 얼마나 번다고 그러니? 집에서 애 잘 키우는 게 돈 버는 일이야."

이런 말을 듣던 시절, 여성들의 일은 폄하되기 일쑤였다. 반면 회사에서는 '언제든지 너의 사표를 기다리고 있어!'라는 암묵적인 눈치를 주었기에 조금이라도 꼬투리를 잡히지 않으려고 최선을 다해 다른 사람들보다 더 잘할 수밖에 없는 것이 현실이었다.

그러다 보니 선배 워킹맘들은 집이나 회사 어느 한 곳에서도 환영받지 못하며 두 가지 다 완벽하게 하는 슈퍼우먼이 되기를 강요받는 사회에서 살았다. 지지받지 못하고 뭔가 잘못하고 있는 것 같은 마음, 그래서 트집 잡히지 않게 완벽하게 해내고 싶은 마음, 우리나라 워킹맘들의 DNA에 새겨져 있는 감정이 바로 이것이 아닐까?

이렇게 사람들 사이에 암묵적으로 인식되며 뼛속 깊이 전달되는 무의식을 집단 무의식이라고 한다. 남자는 이래야 해, 여자는 이래야 해, 기업인이라면, 교수님이면 이래야지. 이런 것들은 고정관념이다. 이런 의식은 페르소나라는 것을 형성한다. 페르소나(Persona)는 고대 그리스 가면극에서 배우들이 썼다가 벗었다가 하는 가면에서 유래된 말이다. 무대 위 배우 모습처럼 우리가 이상화하는 사회적인 모습을 말한다.

워킹맘 하면 어떤 모습을 떠올리는가? 아이를 몇 명이나 낳고도 한 손으로 아이를 들고 씩씩하게 육아를 하다가, 한편으로는 완전히 변신하여 여신 같은 모습으로도 등장하는 할리우드 스타 배우들 같은 모습을 상상하고 있진 않은가? 이런 모습이 떠오른다면 당신의 워킹맘에 대한 페르소나는 이런 모습일 것이다.

페르소나는 사회적인 나의 모습이다. 페르소나는 주위의 요구대로 만들어지는 사회적인 형상이다. 여기서 중요한 사실은 사회가 요구하는 나의 모습과 나의 본모습은 절대 동일시될 수 없다는 사실이다. 사회적으로 요구되는 모습이 반드시 내 모습일 수는 없기 때문이다. 두 가지 일을 다 잘 해내지 못한다고 자신의 능력을 폄하하면 안 된다. 자신의 기대보다 결과가 그에 미치지 못한다고 해서 죄책감을 느낄 필요가 절대 없다.

워킹맘도 사람이다. 어떤 사람도 모든 일을 혼자서 완벽하게 해낸다는 것은 있을 수 없다. 당신이 생각하는 완벽한 워킹맘의 모습과 실제 자신이 경험하는 현실은 무조건 다를 수밖에 없다. 그 사실을 알아야 한다.

당신은 완벽하지 않다는 사실을 언제나 기억해라. 육아는 당신만의 일이 아니다. 당신 남편의 일이 우리 가족의 일이듯이, 당신의 일도 가족 모두의 일이다. 힘이 들면 가족들에게 도움을 요청하고 함께 해 보자고 제안하자. 당신이 육아와 일, 모두를 통제할 수 없다는 사실을 기억해야 한다. 당신은 언제나 노력할 테지만 모든 일이 당신이 노력한 대로 이루어지지는 않을 것이다. 그런데도 포기하지 않고 도전하는 자신의 모습을 사랑하자.

모든 사람의 일을 다 도와줄 수 없다. 내 여건이 좋지 않은데도 거절이 어려워서 다른 사람의 일까지 도맡아 하려고 하지 말아라. 거절하는 것도 연습해야 한다. 당신의 상황을 솔직하게 말하고 다음번에 여유가 생기면 도와주겠다고 얘기해 보자. 좋은 사람이라면 당신의 입장을 충분히 이해해 줄 것이다.

당신이 모든 일을 다 하려고 할 필요 없다. 당신의 일을 당신보다 더 잘하는 사람이 분명히 있을 것이다. 전문가를 찾아봐도 된다. 요즘에는 엄마들의 육아를 도와줄 수 있는 '째깍악어'나 전문가들을 알선해 주는 '숨고', '크몽' 같은 저렴한 가격에도 내 일을 대체할 수 있는 서비스들이 많이 나와 있다. 당신이 잘할 수 있는 것에 집중하고, 잘하지 못하는 것은 자신보다 더 잘하는 사람들에게 위임해도 된다. 못하는 것을 잘하려고 하는 것보다 잘하는 것을 더 잘하는 것이 더 빠르게 성공으로 가는 길이다.

당신이 슈퍼우먼이 되려고 애쓰지 말아라. 슈퍼우먼은 없다. 최선을 다해 당신의 삶에 도전하고 열심히 살아가는 모습, 그 자체가 슈퍼우먼이다.

8-7 당신은 이제 엄마이면서 한 회사의 대표님

어릴 적 당신의 꿈은 무엇이었나?

나는 어릴 때 큰 꿈은 없었다. 그냥 세계를 자유롭게 돌아다닐 수 있을 것 같아 스튜어디스가 되고 싶다고 생각하기도 했고, 막연하게 디자이너가 되고 싶다고 얘기했던 적도 있다. 그랬던 내가 정말로 디자이너가 되었고, 디자인이라는 것을 활용해 지금은 사업체의 대표님이 되었다.

대표님이라는 것은 정말 아무나 못 하는 그것으로 생각했었다. 자영업을 하던 아빠는 사람들이 항상 사장님이라고 불렀기 때문에 사장님보다 더 높고 좋은 것이 대표님이라고 어린 마음에 생각하기도 했었다. 그런데 커서 보니 대표라는 직함은 너무 쉽게 도달할 수 있는 것이었다. 지금 당장이라도 세무서에 가서 사업자등록만 하면 바로 얻을 수 있는 직함이었다.

처음 사업자등록을 하고 사업자등록증에 대표자의 이름에 내 이름이 적힌 것을 보았을 때의 감격이 아직도 기억이 난다. 대표가 되고 명함에 대표 박은정, CEO라는 세 글자를 적으려니 뭔가 쑥스럽기도 했지만 초고속 승진한 것 같은 기쁜 마음도 들었다. 마음속 어딘가에서 '난 무려 회사 대표님이야!' 하는 우쭐한 감정이 생겨났다. 그렇게 나는 대표가 되었다.

대표가 되는 순간부터 나의 인생은 바뀌었다. 누군가 시키지 않은 일들을 스스로 찾아서 해야만 했고, 시키는 일만 했을 때보다도 일은 산더미 같이 많았다. 아무리 일을 해도 생각만큼의 수익은 생기지 않았다. 좋은 일이 한 가지면, 안 좋은 일은 열 가지씩 생겨나는 것 같았다. 계획대로 흘러가는 일은 아무것도 없었다.

직원이 생기자 일은 더 최악으로 흘러갔다. 내 월급보다 더 많은 급여를 직원에게 주기도 했지만, 회사 상황이 더 좋아지지는 않았다. 직원 월급을 주는 날이면 혹여나 자금에 문제가 생기지 않을까 노심초사하며 들어올 돈과 나갈 돈이 얼마인지 현금 흐름을 항상 머릿속에서 계산하고 있다.

그런데도 나는 '대표'라는 직함이 좋다. 10년 가까이 '박 대표'라고 불리는 삶이 좋다. 회사의 규모가 어찌 됐든 세상에 없던 나의 회사를 만들고 성장시켜 현재까지 키워내고 있다는 것 자체가 자랑스럽다. 너무 힘들어서 때려치우고 다시 회사원으로 돌아가는 걸 상상해 보면 제일 먼저 떠오르는 장면이 있다. 갑자기 내가 대표가 아닌 과장이나 차장으로 불리는 모습이다. 뭔가 나의 위치가 하락한 것 같은 기분이 들면서 자존감이 낮아진다. 그럼 다시 한번 다짐해 본다.

"그래! 죽이 되든 밥이 되든 박 대표로서 살아가자!"

여러분 또한 창업을 결심하고 대표가 되는 순간 여러분의 삶은 지금까지와는 완전히 다르게 변할 것이다. 육아와 살림 외에 해야 하는 일들이 엄청나게 늘어날 것이다. 배워야 하는 것들도 많아질 것이며 만나는 사람들도 다양해지고 새로워질 것이다. 그리고 이런 것들을 스스로 찾아서 해야만 할 것이다. 잠도 예전만큼 잘 수 없을 것이다. 친구들과의 수다 타임이나 가족들과의 여행도 지금처럼 할 수 없게 될 것이다.

그런데도 왜 창업을 해야 하느냐고 물어 본다면, 창업은 당신을 당신으로서 온전히 살아갈 수 있게 만드는 방법이기 때문이다. 당신이 엄마로, 아내로만이 아니라, 당신의 삶을 스스로 만들어 가며 살 수 있게 하는 방법이 바로 창업이기 때문이다.

대표가 되기로 선택했다면 당신은 이제 당신 삶의 주인으로 살아가기로 선택했다는 것이다. 고난이 닥쳐도 딛고 일어설 수 있는 용기를 얻게 될 것이다. 위기를 기회로 만드는 지혜를 얻게 될 것이다. 타인에 의해서 휘둘리지 않을 배짱과 강단을 갖추게 될 것이다. 엄마 대표님으로 많은 사람이 당신을 우러러보는 위엄을 갖게 될 것이다. 당신 스스로 만들어 낸 성취와 성공의 대가를 온전히 누리게 될 것이다. 당신의 선택을 믿어 보자.

이제 당신은 대표님이다.

에필로그

'엄마의 속도로 살아가고 있다.'

　　에필로그의 제목은 경력 단절이 되었지만 멋지게 스타트업 창업에 성공한 이혜린 작가의 에세이 제목이다. 엄마 스타트업 창업자의 삶이 어떠냐고 물어보면, 나는 단연코 이 책을 한번 읽어 보라 말하고 싶다. 이 책은 내용 전개가 빠르고, 간결한 어조로 스타트업을 시작한 경력 단절 엄마의 이야기가 적나라하게 묘사되어 있기 때문이다. 가볍게 느껴질 수 있지만 매력이 넘치는 문체로 엄마 창업자로서의 도전이 어떻게 그녀에게 웃지 못할 힘듦을 겪게 했는지가 너무 잘 나와 있다. 그런데도 창업에 도전할 수밖에 없었던 그녀의 절박한 마음까지도.

　　'엄마의 속도'라는 단어는 엄마라면 누구라도 듣는 순간 공감하지 않을 수 없을 것이다. 나는 엄마는 아니지만, 엄마들과 함께 일하기 시작하면서 나 또한 엄마들의 시간표에 맞춰 일하게 되었다. 업무와 관련된 일은 되도록 아이들 유치원 보내고 난 뒤인 9시 반부터 4시 사이까지, 행사는 10시부터 2시, 온라인 미팅이나 줌 교육은 아이들 저녁 먹고, 남편들 퇴근한 시간인 8시나 9시로 한다.

　　웬만한 창업 교육이나 세미나들은 일반인들의 시간에 맞춰져 행해진다. 지원 사업에 선정되면 대부분 필수 교육이 지정되어 있다. 교육은 일반적으로 2시부터 6시까지 행해진다, 그러다 보니 엄마 창업자들은 교육을 듣다 말고, 아이를 데리러 가야 할 수밖에 없다. 나는 그런 엄마 창업자들을 보면서 '엄마 창업자'라는 새로운 장르를 위한 교육이 필요하다는 것을 깨달았다.

　　사실 내가 하는 창업의 이야기는 비단 엄마에게만 해당하는 내용은 아니다. 창업을 꿈꾸는, 새로운 삶의 진로를 고민하는 여성들 누구에게나 해당되는 내용이다.

| 부록 1 | 모르면 어렵고 알면 쉬운 창업 용어

창업 기본 용어

| 비즈니스 거래 용어 |

B2B
Business-to-Business.
기업과 기업 사이의 거래를
기반으로 한 비즈니스 모델

B2C
Business to Customer.
기업과 소비자 영업을
총칭하는 말로, 제품이나
서비스를 직접 사용하는
소비자에게 판매가
이루어지는 방식

B2G
Business-to-Government.
기업과 정부 간의 공공물자
조달과 같은 거래를 의미

G2B
Government to Business.
정부가 제공하는 재화나
용역을 기업이 구매/이용하는
것을 의미. 전기, 수도,
가스, 전자정부시스템, 기업
민원지원시스템 등을 기업이
이용하는 경우

O2O
Online to Offline
Commerce. 온라인과
오프라인을 통합하는 마케팅
및 서비스를 일컫는 비즈니스
거래 형태를 의미

O4O
Online for Offline
Commerce. 온라인과
오프라인을 완전히 결합하는
방식. 온라인 기업이 가진
고객 데이터를 활용하여
오프라인으로 사업 영역을
확장하는 플랫폼

C2C
Consumer to Customer.
소비자와 소비자 간의 거래를
의미. 중고 거래, 직거래 모두
포함.

C2B
Consumer to Business.
소비자 집단과 기업의 거래를
의미. 소비자가 직접 상품
가격 및 부대 조건을 제시하는
형태로 인터넷 역경매, 인터넷
공동 구매 등을 이야기 함.

D2C
Direct to Consumer. 기업과
소비자와 직거래를 하는
형태의 비즈니스를 의미

B2E
Business to Employee.
기업과 직원 사이의 거래를
의미. 기업들의 복리 후생을
대행해 주거나 직원들에게
교육을 제공하는 서비스

P2P
Peer to Peer. 개인과 개인 간
거래를 의미. 인터넷에 연결된
모든 개인 컴퓨터로부터 직접
정보를 제공받고, 검색 및
다운로드할 수 있는 형태

| 생산 방식 용어 |

OEM
Original Equipment
Manufacturer. 주문자
상표 부착 생산. 주문자의
의뢰에 따라 주문자의 상표를
부착하여 판매할 상품을
생산하는 방식을 의미

ODM
Original Development
Manufacturer.
밑도급 업체가 제품 설계까지
위탁 생산하는 것을 의미.
제품 설계부터 생산까지
밑도급 업체에게 맡기고 그
제품에 원청 업체의 상표만
달아 판매하는 시스템.

| 창업 관련 용어 |

BEP
Break-Even Point.
손익분기점. 경제학, 사업,
특히 원가회계 분야에서 총
비용과 총 소득이 동등한
지점을 의미

CoP
Community of Practice
학습을 위한 방법론. 토의나
지식공유, 문제 해결을
함께 하는 학습 조직을
의미(학습동아리)

CS
고객 서비스(Customer
Service)의 약자.
고객서비스와 고객 만족을
의미

ESG
환경(Environmental), 사회(Social), 지배구조(Governance)의 영문 첫 글자를 조합한 단어로, 기업 경영에서 지속가능성을 달성하기 위한 3가지 핵심 요소.

J커브
J-curve. 스타트업의 예상 현금 흐름. 초기에는 소비자 인식, 제품 개발 및 시장 확보 등의 이유로 수익이나 성장이 상대적으로 느린 상태를 보이다가, 어느 시점에서 급격한 성장을 경험하는 패턴. 그래프가 J 모양으로 급격한 상승을 한다고 하여 J커브라고 명칭함

KPI
Key Performance Indicator. 우리 말로 옮기면 '핵심 성과 지표' 또는 '주요 성과지표'. 기업이 비즈니스 목표를 얼마나 잘 달성하고 있는지 판단하기 위해 사용하는 척도를 의미. 수치화가 가능

MCN
Multi Channel Network. 다중 채널 네트워크의 약자로, 인터넷 방송 플랫폼에서 활동하는 인터넷 방송인이나 인플루언서들을 지원, 관리하며 수익을 공유하는 회사를 의미

MOQ
Minimum Order Quantity. 최소 주문 수량. 제조 업체가 한 번에 생산할 수 있는 가장 적은 양의 제품 수를 의미.

MVP
Minimum Viable Product. 구현하고자 하는 제품의 핵심적인 가치를 골라 최소한의 기능만을 담아낸 제품

공유 경제
개인이 소유하고 있지만 활용하지 않는 재화나 지식·경험·시간 등의 유·무형 자원을 서로 대여 및 교환함으로써 거래 참여자가 적정 이윤과 편리함을 얻는 경제 활동 방식

구독 경제
Subscription Economy. 일정 금액을 내고 정기적으로 제품이나 서비스를 받는 것. 구독형 서비스

기업가 정신
Entrepreneurship. 기업의 발전을 위해 새로운 도전과 혁신 활동을 함으로써 새로운 가치를 창조하는 기업가의 정신

노 코드
No Code. 비 개발자들도 쉽게 웹사이트와 앱을 만들 수 있도록 코딩이나 프로그래밍 언어에 대한 지식이 필요 없는 애플리케이션을 설계하고 사용하는 접근 방식

데스밸리
Death Valley. 스타트업 기업이 연구개발을 성공한 후에도 자금 부족 등을 이유로 위기를 겪는 시기. 통상적으로는 창업 후 3년을 전후한 시기

데이터베이스
Database. 여러 사람이 공유하여 사용할 목적으로 체계화해 통합, 관리하는 데이터의 집합. 여기에는 단어, 숫자, 이미지, 비디오 및 파일을 포함한 모든 유형의 데이터가 포함될 수 있음.

라이센싱
Licensing. 애니메이션 등에 등장하는 캐릭터뿐만 아니라 일러스트, 심볼, 상표 등 유명 저작물을 특정 상품에 활용하여 제조 및 판매할 수 있도록 권리를 허가하고 그 대가로서 저작권료(로열티)를 받는 사업을 의미

로컬 크리에이터
로컬(local)과 콘텐츠 제작하는 사람을 뜻하는 크리에이터(creator)가 합성된 형태의 신조어. '지역의 자연 환경, 문화적 자산을 소재로 창의성과 혁신을 통해 사업적 가치를 창출하는 창업가'로 정의

롱폼
Long-form. 일반적인 형태의 긴 영상 콘텐츠, 1분이 넘어가는 영상들은 모두 롱폼으로 분류됨.

리드 타임
Lead Time. 제품을 생산하는데 소요되는 시간(기간)을 의미

린 스타트업
Lean Startup. 제품이나 시장을 발달시키기 위해 기업가들이 사용하는 프로세스 모음 중 하나. 아주 작고 가벼운 조직이 빠르게 제품을 테스트하고 기민하게 움직여야 하기에 정말 필수적인 요소들만 갖춘다는 뜻

마일스톤
Milestone. 프로젝트 진행 과정에서 특정할 만한 건이나 표. 프로젝트 계약, 착수, 인력 투입, 선금 수령, 중간 보고, 감리, 종료, 잔금 수령 등 프로젝트 성공을 위해 반드시 거쳐야 하는 중요한 지점.

바우처
Voucher. 특정한 금전적 가치가 있고 특정한 이유나 특정한 상품에 대해서만 소비할 수 있는 교환 거래 채권의 하나. 영수증과 동의어이기도 하며 서비스가 수행되었거나 비용을 지출한다는 선언을 증명하는 영수증을 가리키기도 함.

밸류 체인
Value Chain. 가치 사슬이라는 의미로 제품을 생산하기 위해서 제조 공정을 세분화해 사슬(Chain)처럼 엮여 가치(Value)를 창출하는 것을 의미. 원재료 조달부터 완제품 최종 소비에 이르기까지 재화·서비스·정보 흐름이 이뤄지는 연결망.

베타 서비스
Beta Service. 주로 인터넷을 기반으로 운영되는 프로그램이나 게임의 정식 버전이 출시되기 전, 프로그램 상의 오류를 점검하고 사용자들에게 피드백을 받기 위하여 정식 서비스 전 공개하는 미리보기 형식의 서비스

벤처기업
Venture. 일반적인 의미로 첨단의 신기술과 아이디어를 개발하여 사업에 도전하는 기술집약형 중소기업.

벤치마킹
Benchmarking. 측정의 기준이 되는 대상을 설정하고 그 대상과 비교 분석을 통해 장점을 따라 배우는 행위

비즈니스 모델
Business model. 제품 및 서비스의 전달 방법, 이윤을 창출하는 방법을 나타낸 모형이다. 기업이 지속적으로 이윤을 창출하기 위해 제품 및 서비스를 생산하고 관리하며 판매하는 방법을 표현

사회적 기업
취약 계층에게 사회서비스 또는 일자리를 제공하거나 지역 사회에 공헌함으로써 지역 주민의 삶의 질을 높이는 등의 사회적 목적을 추구하면서 재화 및 서비스의 생산·판매 등 영업 활동을 하는 기업으로서 사회적기업육성법 제7조에 따라 인증받은 자.

소셜 미션
Social Mission. 사회적 기업가 정신, 우리 사회가 직면한 문제(취약 계층을 위한 양질의 일자리 부족, 인구 감소와 고령화로 인한 지역 소멸, 일회용 쓰레기 발생에 따른 탄소 배출 등)를 해결하겠다는 기업의 의지.

소셜 벤처
Social venture. 사회적 기업가 정신을 지닌 기업가가 기존과는 다른 혁신적인 기술이나 비즈니스 모델을 통해 사회적 가치와 경제적 가치를 동시에 창출하는 기업.

숏폼
Short-form. 최대 길이 1분 정도의 짧은 길이의 영상 컨텐츠. 인스타그램에서는 릴스, 유튜브에서는 쇼츠라는 이름으로 활용되고 있음.

스케일업
Scale-up. 규모를 확대하는 것, 기술, 제품, 서비스, 기계의 성능, 생산 능력 등의 확대를 설명할 때 주로 사용

스타트업
Start-up. 설립한 지 얼마 되지 않은 '신생 창업 기업'

스토리보드
Storyboard. 디자이너와 개발자가 최종적으로 참고하는 설계 산출 문서. (영화나 텔레비전 광고 또는 애니메이션 같은 영상물을 제작하기 위해 작성하는 문서(콘티)와는 다른 의미)

스핀오프
Spin-off. 미디어 용어로는 파생작, 번외작. 창업 분야에서는 어떤 특정한 것에서 파생/부산되어 나오는 것. '계열사', '자회사'를 가리키거나 '파급 효과', '부작용' 혹은 '부수적인 생산' 등의 의미로도 쓰임. 특히 기술 용어로서는 어떤 한 분야의 기술이 다른 분야로 전파되는 상황을 뜻하는 의미

아웃소싱
Outsourcing. 외주(外注), 외부 용역. 기업이나 조직에서 생산, 유통, 용역 등 업무의 일부 과정을 경영 효율의 극대화를 위해 외부의 제삼자에게 위탁해 처리하는 것

애자일 방법론
Agile. 소프트웨어 개발 방식의 하나로, 작업 계획을 짧은 단위로 세우고 제품을 만들고 고쳐 나가는 사이클을 반복함으로써 고객의 요구 변화에 유연하고도 신속하게 대응하는 개발 방법론

워크플로
Workflow. 작업 절차를 통한 정보 또는 업무의 이동을 의미하며, 작업 흐름이라고도 부른다. 더 자세히 말해, 워크플로는 작업 절차의 운영적 측면

유니콘 기업
Unicorn. 기업 가치가 10억 달러(약 1조 원) 이상이고 창업한 지 10년 이하인 비상장 스타트업 기업

인큐베이팅
Incubating. 예비 창업자나 신생 기업이 올바른 방향으로 성장할 수 있게 기본적인 인프라를 제공하는 것. 자금, 인력, 홍보, 법률, 회계 등 사업과 관련된 서비스 등의 창업 제반 사항을 지원.

지식재산권
Intangible Property(무형 자산). 지식재산권이란 사람의 두뇌 활동을 통해 이루어진 창작, 표지 및 영업에 관한 무형적 이익을 독점적으로 이용할 수 있는 권리를 의미

코워킹스페이스
'Co'(함께), 'Working'(일하는), 'Space'(공간). 공유 오피스라 불리는 새로운 형태의 부동산 임대 공간

크라우드 펀딩
군중 또는 다수를 의미하는 영어 단어 크라우드(crowd)와 자금 조달을 뜻하는 펀딩(funding)을 조합한 용어. 회사를 새로 시작하기 위해 자금이 필요한 사람이 중개업자를 통해 온라인에서 다수의 소액 투자자로부터 자금을 얻는 것

킬러 콘텐츠
Killer Contents. 어떤 미디어가 폭발적으로 성장할 수 있도록 하는 핵심 콘텐츠. 다른 서비스나 정보를 경쟁에서 이길 수 있도록 탁월하거나, 독점적으로 차별화되어 있어 대체가 불가능한 콘텐츠

팀 빌딩
Team Building. 팀원들의 작업 및 커뮤니케이션 능력, 문제 해결 능력을 향상시켜 조직의 효율을 높이려는 조직 개발 기법

피봇
Pivot. 스타트업이 신제품을 출시한 이후 시장의 반응을 체크하고, 문제가 있을 시 다른 사업 모델로 전환하는 것을 지칭.

해커톤
Hackathon. 해킹(hacking)과 마라톤(marathon)의 합성어로 기획자, 개발자, 디자이너 등의 직군이 팀을 이루어 제한 시간 내 주제에 맞는 서비스를 개발하는 공모전.

| 마케팅 용어 |

CTR
Click-Through Rate의 약자. 실제 광고 노출 수 대비 클릭 수 비율로 광고 클릭률을 뜻함.

RFP
Request For Proposal. 제안 요청서. 발주자가 특정 과제의 수행에 필요한 요구 사항을 체계적으로 정리하여 제시함으로써 제안자가 제안서를 작성하는 데 도움을 주기 위한 문서.

STP
S(Segmentation: 시장세분화), T(Targeting: 표적시장), P(Positioning: 포지셔닝)의 영어 스펠링 첫 글자를 딴 마케팅 기법 중의 하나. STP 전략이라고 말함.

SWOT
강점(Strength), 약점(Weakness), 기회(Opportunity), 위기(Threat)의 앞글자를 따서 SWOT 분석이라 하며 기업의 강점과 약점, 환경적 기회와 위기를 열거하여 효과적인 기업 경영 전략을 수립하기 위한 분석 방법

공간 마케팅
Space Marketing. 소비자가 좋아할 만할 제품 및 다른 요소를 공간에 반영함으로 브랜드에 대한 호감도를 높이고 자연스럽게 판매를 유도하는 마케팅 전략

굿즈 마케팅
Goods Marketing. '굿즈'는 본래 상품, 제품의 뜻에서 유래한 말. 기존에는 증정품 정도로만 기획되었으나 소비자들의 마음을 사로잡는 굿즈들이 나오면서 기업의 중요한 마케팅 수단이 되었음.

니치마케팅
Niche Marketing. '니치'란 틈새를 의미하는 말로 '남들이 아직 잘 모르는 좋은 낚시터'라는 은유적인 의미. 세분화된 시장의 특정한 성격을 가진 소규모 소비자를 대상으로 목표를 설정하고 말을 거는 마케팅

랜딩페이지
Landing Page. 랜딩(Landing)은 착륙이라는 의미로 고객이 광고, 이메일, 또는 검색 결과 페이지에서 처음 브랜드를 접하게 되는 페이지

로아스
ROAS(return on ad spend, 광고 수익률). 캠페인 비용 대비 캠페인 수익을 의미. 온라인과 모바일 마케팅에서 중요한 핵심 성과 지표(KPI)

심리 테스트 마케팅
브랜드의 메시지를 고객에게 일방적으로 뿌리는 마케팅 방법과 달리 고객이 직접 참여하고 공유하여 확산시키는 마케팅

오가닉 트래픽
Organic Traffic. 광고나 소셜 미디어 등이 아닌 사용자가 검색 엔진을 통해 직접 검색하여 자연스럽게 유입된 트래픽. 사람들이 어떤 목적을 가지고 검색을 하여 특정 웹사이트나 서비스에 접속하게 된 유입, 즉 순수한 트래픽을 의미

오감 마케팅
인간의 오감 즉 시각, 청각, 후각, 촉각, 미각을 자극하여 고객의 만족도를 올리고 브랜드에 대한 각인을 확실히 시키는 마케팅

코즈 마케팅
Cause Marketing. 사회적인 이슈를 해결하면서 이를 기업의 이윤 추구에 활용하는 마케팅

| 투자 관련 용어 |

IPO
Initial Public Offering. 비상장 기업이 정해진 절차에 따라 일반 불특정 다수의 투자자들에게 새로 주식을 발행하거나 기존 주식을 매출하여 유가 증권 시장 또는 코스닥 시장에 상장하는 행위

IR
Investor Relations. 투자자들을 대상으로 기업 설명 및 홍보 활동을 하여 투자 유치를 원활하게 하는 활동을 의미. 주주 총회, 투자 유치, 보도자료 배포, 기자 간담회 등이 IR의 대표적인 활동

M&A
합병(Mergers)과 인수(Acquisitions)가 합성된 용어로서 기업의 경영 지배권에 영향을 가져오는 일체의 경영 행위를 의미

ROI
Return on Investment. 투자 수익률을 지칭. 마케팅 캠페인에 지출하는 비용과 캠페인이 창출하는 수익을 비교하여 측정 또는 투자한만큼 수익이 나느냐에 대한 지표

데모데이
Demoday. 스타트업 기업이 투자자 혹은 참가자들에게 서비스나 제품, 아이디어 등을 소개하는 행사

벤처 캐피탈
Venture Capital(VC). 벤처기업에 주식투자 형식으로 투자를 하는 기업 또는 그 자본 자체를 뜻

벨류에이션
Valuation. 기업의 가치를 평가하는 과정. 기업, 업종, 시장 등 다양한 평가 대상의 내재된 가치 대비 시장 평가 수준을 뜻함

스톡 옵션
Stock Option. 주식 매수 선택권이라고도 함. 일반적으로 회사의 주식을 일정한 기간 내에 미리 정한 가액에 매수할 수 있는 권리를 뜻함. 기업의 임직원이 일정 기간 내에 미리 정해진 가격으로 소속 회사에서 자사 주식을 살 수 있는 권리

시드
Seed Stage. 시드 단계는 아이디어라는 씨앗만 있는 극초기(창업 1년 이내) 스타트업에 투자하는 것을 시드 단계 투자. 프리시드의 다음 단계임.

시리즈 A
Series A. 투자를 받아 프로토타입의 제품 및 서비스를 만들어 시장 검증을 마친 후 시장에 출시할 제품을 제작하거나 베타 버전 혹은 정식 서비스를 오픈하기 위해 준비하는 단계에서 받는 투자를 의미

시리즈 B
시리즈 B 단계는 시리즈 A를 통해 시장에서 인정받은 제품·서비스로 사업을 확장하며 회사를 빌드업(build-up)하는 단계

시리즈 C
시리즈 C 단계는 시리즈 B로 빌드업한 사업의 시장 점유율을 높이고 스케일업(scale –up)을 가속화하는 단계. 검증된 비즈니스 모델을 글로벌 시장으로 확대하거나 연관 사업을 추진하기 위해 투자를 받는 경우

앤젤 투자자
Angel Investor. 기술력은 있으나 자금이 부족한 신생 벤처기업에 자금을 투자하는 기업 또는 사람

액셀러레이터
Accelerator. 초기 벤처기업이나 스타트업을 발굴해 사업 자금 지원, 업무 공간 제공, 경영 컨설팅, 홍보 및 마케팅 등을 지원하는 기업이나 기관. 액셀러레이터는 탄탄한 조직과 시스템을 구축해 산업화한 기업의 형태를 갖추고 있는 점에서 개인이나 소수 투자자를 뜻하는 앤젤 투자자와도 구분

엑시트
Exit. 투자 후 출구 전략을 의미. 스타트업이 기업 공개(IPO)나 인수 합병(M&A) 등을 통해 투자자들이 투자한 자금을 회수시켜 주거나 창업자가 사업에 대한 성과를 거두는 과정

임팩트 투자
Impact Investment. 재무적 수익을 창출함과 동시에 사회적·환경적으로 긍정적 임팩트를 미치는 분야에 투자하는 투자 전략

피치 덱
Pitch Deck. 투자자들에게 보이기 위한 파워포인트, 키노트 형식으로 된 회사 비즈니스 모델에 대한 설명 자료

| 부록 2 |

정부 지원 사업 활용해 보기

2-1
/
여성 창업에 지원해 볼 수 있는 지원 사업의 종류

지원 사업의 종류로서 중소기업 지원, 연구 개발 지원, 취업, 창업 지원, 기술 개발, 연구 개발, 수출 지원, 인력 양성, 자금지원, 세제 혜택, 시설 지원 등 창업 단계부터 창업 이후 기업 단계에서의 지원까지 다양한 종류가 있다. 이런 지원 사업은 무상이거나 자부담 10~20% 정도만 부담하면 80~90%의 비용을 지원받을 수 있기 때문에 필요한 지원 사업은 알고 활용해 보는 것이 좋다.

특히 우리가 집중해서 보아야 할 지원 사업은 창업 분야의 지원 사업이다. 정부에서 정의하는 창업가의 기준은 크게 3가지가 있다.

- 예비 창업자: 아직 사업자등록증을 내지 않은 사람
- 초기 창업자: 사업자를 등록한 지 3년 미만인 사람
- 창업 도약자: 사업자를 등록한 지 3년 이상 7년 미만의 사람

연령대별로 창업자를 구분하는 기준도 상이하다.

- 청년: 만 39세 이하
- 신중년(실버): 만 50세 ~ 64세

창업 초기에 혜택을 받을 수 있는 지원 사업의 종류는 크게 사업화 지원 사업, 인큐베이팅 지원사업, 바우처 지원 사업 3가지로 구분 할 수 있다.

- 사업화 지원 사업: 아이디어를 사업화하고 시제품을 만들 수 있도록 지원하는 사업
- 인큐베이팅 지원 사업: 창업 초기에 사무 공간 및 제품화 이외의 사업화 단계를 서비스 제공 형식으로 지원하면서 육성하는 지원 사업
- 바우처 지원 사업: 컨설팅, 기술 지원, 마케팅 3가지 분야, 12개 프로그램을 이용할 수 있도록 바우처 형태로 제공하는 사업

| 사업화 지원 사업 |

신사업 창업 사관학교

성장가능성이 높은 유망 아이템으로 창업을 준비하는 예비 소상공인을 선발하여 기초 및 경영교육, 상품화 지원, 사업화 자금 등을 지원함

- 지원 대상: 신사업 아이디어 또는 유망 아이템으로 창업하고자 하는 예비 창업자
- 지원 내용: 온·오프라인 창업 교육 및 경영 체험 교육, 창업 자금(융자), 사업화 지원(보조금)
- 모집 일정: 사업 공고(2월) → 결과 통보(3월) → 창업 교육(4~5월) → 상품화, 사업화 지원(5월~12월)
- 운영 기관: 소상공인시장진흥공단 창업지원실

예비 창업 패키지

혁신적인 기술 창업 아이디어를 보유한 예비 창업자의 성공 창업 및 사업화 지원을 통한 양질의 일자리 창출을 목적으로 하는 지원 사업

- 지원 대상: 예비 창업자
- 지원 내용 사업화 자금(최대 1억 원, 평균 5,000만 원), BM수립, 마케팅, 투자 유치 등 창업 기본 교육 및 멘토링
- 모집 일정: 사업 공고(2월) → 결과통보(5월) → 협약(6월) → 상품화, 사업화 지원(6월~다음 해 1월)
- 운영 기관: 중소벤처기업부 창업진흥원

초기 창업 패키지

유망 창업 아이템 및 고급기술을 보유한 초창기 기업에 필요한 사업화 자금을 지원

- 지원 대상: 사업자등록 이후 3년 이내 초기 창업 기업
- 지원 내용: 시제품 제작, 지재권 취득, 마케팅 등에 필요한 사업화 자금(최대 1억 원)
- 모집 일정: 사업 공고(2월) → 결과 통보(5월) → 협약(6월) → 상품화, 사업화 지원(6월~다음 해 1월)
- 운영 기관: 중소벤처기업부 창업진흥원

재도전 성공 패키지

성장 가능성이 높은 (예비)재창업자에게 사업화 자금 및 교육, 멘토링 등을 패키지 식으로 지원하여 재창업 성공률을 높이는 지원 사업

- 지원 대상: 일반형 – 예비 또는 재창업 3년 이하, IP 전략형 – IP(지식재산)을 보유한 예비 또는 재창업 3년 이하
- 지원 내용: 시제품 제작, 지재권 취득, 마케팅 등에 필요한 사업화 자금
- 모집 일정: 사업 공고(2월) → 결과 통보(4월) → 협약(5월) → 상품화, 사업화 지원(6월~12월) → 최종 점검 및 성과 평가 (~다음 해 2월)
- 운영 기관: 중소벤처기업부 창업진흥원

지역 기반 로컬 크리에이터 활성화

지역의 특성과 자원을 소재로 사업적 가치를 창출하는 로컬 크리에이터의 사업 지원

- 지원 대상: 소상공인 확인서를 통해 확인 가능한 소상공인 (로컬 크리에이터의 정의 및 요건을 충족해야 함)
- 지원 내용: 로컬크리에이터 비즈니스 모델(BM) 구체화, 멘토링, 브랜딩, 마케팅 등 사업화에 소요되는 자금을 최대 4천만 원까지 지원
- 모집 일정: 사업 공고(2월) → 결과 통보(4월) → 협약(5월) → 상품화, 사업화 지원(6월~12월) → 최종 점검 및 성과 평가 (~다음 해 1월)
- 운영 기관: 중소벤처기업부 창업진흥원

여성 벤처 창업 케어프로그램

유망 벤처 창업 아이디어를 보유한 여성 예비 창업자를 발굴하여, 여성 벤처 선배 CEO 및 창업 전문가 연계, 실전 창업 준비를 지원함으로써 준비된 여성 벤처기업 CEO로 양성

- 지원 대상: 여성 예비(재)창업자
- 지원 내용: 비즈업 교육, 창업 전문가 멘토링, 여성 벤처 선배 CEO 밀착 코칭, 창업 사업화 과제 해결에 소요되는 자금을 최대 1천만 원 지원 등
- 모집 일정: 사업 공고(2월) → 아이디어 런칭 평가(서류)(3월) → 창업 전문가 교육 멘토링(4월) → 아이디어 셋업 평가(4월) → 선정자 협약 (5월) → 선배 CEO 밀착 코치(5월~10월) → 비즈 콘테스트 및 시상(11월) → 후속 지원(11월 ~ 12월)
- 운영 기관: 중소벤처기업부 (사)한국여성벤처협회

민간 협력 여성 벤처 스타트업 육성 지원 사업

여성 특화 전문 창업기획자를 통한 유망 스타트업 발굴 및 체계적 육성 프로그램 지원

- 지원 대상: 기술기반 혁신 아이템, 여성 특화 및 친화 제품 등을 보유한 여성 예비창업자 및 창업 7년 이내 여성 창업 기업
- 지원 내용: 초기(직접)투자, 사업화 자금(1천만 원 이상), 액셀러레이팅 프로그램 등
- 모집 일정: 사업 공고(4월) → 결과 통보(5월) → 협약(6월) → 상품화, 사업화 지원(6월~11월)
- 운영 기관: 중소벤처기업부 (사)한국여성벤처협회

혁신 분야 창업 패키지(비대면 스타트업 육성사업)

비대면·디지털 분야 유망 창업기업을 발굴하여 창업 사업화 지원을 통해 글로벌 디지털 경제를 선도할 혁신적 기업으로 육성

- 지원 대상: 비대면 분야 업력 7년 이내 창업 기업
- 지원 내용: 시제품 제작, 마케팅 등에 소요되는 사업화 자금 지원(최대 1.5억 원), 분야별 전문 주관 기관을 활용한 창업 기업 맞춤형 지원(인증, 기술 평가 등)
- 모집 일정: 사업 공고(1월) → 결과 통보(3월) → 협약(4월) → 상품화, 사업화 지원(4월~11월)
- 운영 기관: 중소벤처기업부 창업진흥원

혁신 창업 스쿨

(예비)창업자를 대상으로 교육, 멘토링 등을 통해 비즈니스 모델을 구체화하고 최소 요건 제품 제작, 고객 반응 조사 등을 지원하여 비즈니스 모델 검증 및 보완

- 지원 대상: 혁신적인 아이디어를 보유한 (예비)창업자
- 지원 내용: 예비 창업자 대상으로 기술 아이디어를 공유·발굴·발전할 수 있도록 창업 교육, 시제품 제작 등 미래 창업자 및 준비된 창업자를 양성
- 모집 일정: 사업 공고(3월) → 결과 통보(4월) → 협약(5월) → 상품화, 사업화 지원(5월~12월)
- 운영 기관: 중소벤처기업부 창업진흥원

IP 디딤돌 프로그램

예비창업자의 우수 아이디어가 지식 재산 기반 사업 아이템으로 구체화되고 창업까지 연계될 수 있도록 맞춤형 IP컨설팅을 지원하는 프로그램

- 지원 대상: 창의적 아이디어를 보유한 예비창업자
- 지원 내용: 아이디어 컨설팅 결과 도출된 사업 아이템의 특허 출원 비용(160만 원 이내)
- 모집 일정: 연중 수시 접수(1~11월)
- 운영 기관: 특허청

이밖에도 소셜벤처 육성 사업, 만 39세 이하의 청년에게 지원하는 청년 창업 사관학교 등이 있고 지방자치단체별로 상이한 세부 지원 사업들이 존재한다. 2023년까지 존재하던 사회적 기업가 육성 사업 등 사회적 기업 지원 사업은 2024년부터 크게 축소되어 운영된다.

| 인큐베이팅 지원 사업 |

1인 창조 기업 활성화 지원 사업

1인 창조 기업이 안정적으로 사업화 할 수 있도록 사무 공간, 네트워킹, 판로 개척, 마케팅 등을 지원하여 사업화 역량 제고

- 지원 대상: 1인 창조 기업 육성에 관한 법률 제 2조의 (예비) 1인 창조 기업
- 지원 내용: 사무 공간 제공, 전문가 자문, 교육·멘토링, 네트워킹 등
- 모집 일정: 수시
- 운영 기관: 중소벤처기업부 창업진흥원

창업존 운영

유망 예비 창업 기업을 발굴하여 입주 공간 및 맞춤형 보육 프로그램을 제공함으로서 창업 기업 성장을 집중 지원

- 지원 대상: 업력 7년 미만 (예비) 창업자
- 지원 내용: 입주 공간 및 창업 인프라 제공, 창업 지원 프로그램 제공
- 모집 일정: 공실 발생 시 수시
- 운영 기관: 중소벤처기업부 창업진흥원

창조 경제 혁신 센터

전국 19개 시/도의 창업센터를 지역 차업 허브로 활용하여 지역 창업 활성화 및 혁신 성장, 일자리 창출을 도모

- 지원 대상: 업력 7년 미만 (예비) 창업자
- 지원 내용: 원스톱 서비스(창업 관련 법률, 특허, 금융, 경영 등 컨설팅), 창업 지원(창업 교육, 투자 유치, 네트워킹, 마케팅, 판로 지원, 글로벌 진출 지원 등)
- 모집 일정: 연중 수시
- 운영 기관: 중소벤처기업부 창업진흥원

| 바우처 지원 사업 |

중소기업 혁신 바우처 사업

성장 가능성 높은 중소기업을 대상으로 진단을 통한 기업 특성별 맞춤 지원으로 중소기업의 경쟁력 강화

- 지원 대상: 중소기업기본법 제2조에 따른 중소기업으로, 제조업을 주 업종으로 영위하며 평균(3년) 매출액 120억 원 이하의 소기업
- 지원 내용: 성장 가능성이 높은 중소기업을 대상으로 수행 기관이 제공하는 분야별 서비스(컨설팅, 기술지원, 마케팅)를 이용할 수 있도록 바우처 형태로 제공(기업별 5,000만 원 이내)
- 모집 일정: 사업 공고(11월) → 결과 통보(12월) → 협약(2월) → 바우처 발급(3월~)
- 운영 기관: 중소벤처기업진흥공단

비대면 서비스 바우처 사업

화상 회의, 재택 근무(협업tool), 네트워크·보안솔루션, 메타버스 사무실 서비스 지원을 통한 중소기업의 디지털 촉진 및 비대면 서비스 분야 육성

- 지원 대상: 중소기업기본법 제2조에 따른 중소기업
- 지원 내용: 선정된 수요기업에 비대면 서비스 도입·활용 등에 사용할 수 있는 최대 400만 원(자부담금 30% 포함) 이내 바우처 지급
- 모집 일정: 연중 3회 걸쳐 지원 공고 5,000개 사 내외
- 운영 기관: 중소벤처기업부 창업진흥원

각종 지원 사업을 통하면 자금이나 공간, 멘토링 지원 등을 통해 사업화에 더 빠르게 도달할 수 있어 유리하다. 또한 자금 뿐만 아니라 기관별로 다양한 정보 공유 및 소속 기업들 간의 네트워킹 등을 통해 예상치 못한 사업 기회를 발견할 수도 있어 창업 초기에는 여러모로 지원 사업들의 혜택을 받고 시작하는 것이 좋다.

2-2 / 지원 사업 알아볼 수 있는 사이트

앞서 언급한 지원 사업 외에도 중앙부처와 광역 지자체들의 지원 사업을 전부 합하면 연간 400여 개의 지원 사업들이 존재한다. 그 밖에 민간 기업이나 AC, VC 기관들의 공모전 및 지원 사업까지 합하면 연간 수많은 지원 사업이 제공되는데 내 아이템의 조건이나 나의 상황에 매칭되는 지원 사업들이 어디서 발견될지 모르므로 각 지원 사업의 정보 공유처를 알아두면 편리하다.

| K-startup(케이 스타트업) |
https://www.k-startup.go.kr/

중소벤처기업부 창업진흥원이 운영하는 창업 정보 포털 사이트. 중앙부터, 지자체, 민간 등의 창업 관련 지원 사업 및 다양한 행사 등 국민이 참여할 수 있는 모든 정보를 제공하는 대표적인 창업 포털 사이트. 중소벤처기업부 창업진흥원 주관의 지원 사업은 K-start up 포털을 통해 공고, 접수, 발표 등이 이루어지므로 지원 사업을 준비 중이고 지원 예정인 창업자라면 꼭 알고 있어야 하는 사이트.

| 창조경제혁신센터 |
https://ccei.creativekorea.or.kr/

K-startup을 운영하는 중소벤처기업부 창업진흥원 주관의 지원 사업들이 대부분 전국 공통적으로 적용되는 지원 사업이라면 각 지방부처별로 운영되는 지원 사업들도 존재한다. 이런 지방 부처별로 다르게 공급되는 지원 사업들이 공지되는 사이트가 창조 경제 혁신 센터 포털이다. 창조 경제 혁신 센터는 지역창업 활성화 및 기업가 정신 고취를 위한 예비창업자 및 창업 기업의 역량 강화를 위한 지원과 관련 기관 프로그램을 연계한다. 전국 19개 창조 경제 혁신 센터가 존재한다. 대부분의 지원 사업이 K-startup을 통해 공지되지만 누락되는 경우도 있으니 내 사업이 운영되는 지역의 지원 사업 또한 챙기도록 해야 한다.

| 소상공인시장진흥공단-소상공인 24 |
https://www.sbiz24.kr/

소상공인시장진흥공단은 소상공인 육성과 전통 시장·상점가 지원 및 상권 활성화를 목적으로 설립된 중소벤처기업부 산하 위탁집행형 준정부기관이다. 정부가 정한 소상공인은 상시 근로자 수 5명 미만 (광업·제조업·건설업·운수업 10명 미만)이며 영리를 목적으로 하는 법인 기업이나 개인 사업자를 의미한다. 소상공인시장진흥공단에서는 소상공인의 기준에 맞는 소규모 사업자를 대상으로 한 정책 자금이나 각종 지원 사업 및 사업 운영에 필요한 교육 등을 제공하고 있다. 소상공인시장진흥공단에서 운영하는 소상공인 24 누리집은 소상공인을 대상으로 하는 지원 사업이나 교육 등의 정보를 제공한다.

| 기업마당 |

https://www.bizinfo.go.kr/

중소기업 운영에 필요한 각종 지원 사업이나 정보, 뉴스, 행사 등을 제공하는 포털사이트로 중소벤처기업부에서 운영하고 있다. 창업 분야 뿐만 아니라 사업 운영 중에 필요한 세세한 마케팅 사업, 판로 개척, 경영 컨설팅, 인건비 지원, R&D 지원 사업 등 정보를 제공한다. 기업마당 뉴스레터를 신청해 두면 매주 요약된 지역별 지원 사업 정보를 메일로 제공받을 수 있다.

| 한국여성벤처협회 |

https://kovwa.or.kr/

여성 벤처기업의 권익 보호와 사회적 인식 고양, 여성 벤처기업이 건실하게 성장 할 수 있는 비즈니스 기반을 조성하고자 설립된 단체로서 중소벤처기업부에서 주최하는 지원 사업에서 여성 관련 분야들의 주요 운영사이다. 한국여성벤처협회에서 운영하는 여성 분야 특화 지원 사업으로는 예비 창업 패키지 여성 특화 분야, 여성 벤처 창업 케어 프로그램 이 있다. 인큐베이팅 지원 사업으로는 여성 창업자 전용 1인 창조 기업 센터를 운영하고 있다. 특히 여성 창업자라면 사업자 등록 이후에 꼭 받아야 할 여성 기업 인증서를 이곳 한국여성벤처협회에서 발급하고 있다. 여성 기업 인증을 받으면 관공서 수의 계약 1억 원 내외, 관공서 업체 선정 우선권, 각종 지원 사업의 가점을 받을 수 있는 혜택이 있으니 꼭 받아 놓도록 하자.

| 서울창업허브- 스타트업플러스 |

https://startup-plus.kr/

서울 권역의 우수 기업을 투자자와 함께 검증 및 선발하고, 창업 지원 전문기관인 허브 파트너와 함께 육성하여 투자 및 글로벌 진출을 지원하며 인큐베이팅 및 시제품 제작 지원 등을 제공한다. 제품화 아이디어를 보유한 창업자들에게 무상으로 시제품 제작 서비스를 제공하고 있다. 서울창업허브에서 운영하는 스타트업 플러스 포털사이트에서는 서울권역 중심으로 하는 창업 교육 및 지원 사업 정보를 제공한다.

| 이벤터스, 온오프믹스 |

이벤터스 : https://event-us.kr/, 온오프믹스 : https://onoffmix.com/
이벤터스, 온오프믹스 둘 다 행사 및 모임 정보를 알려주는 서비스를 제공하는 민간 플랫폼이다. 최근에는 창업진흥원에서 주관하는 지원 사업이나 민간 기관에서 제공하는 지원 사업 정보까지 이 플랫폼을 통해 홍보하는 경우가 많다. 또한 지원 사업 정보뿐만 아니라 공공 기관 및 민간에서 주최하는 각종 유, 무료 교육 서비스 등도 알 수 있으니 주기적으로 방문하여서 내게 필요한 정보를 활용하도록 하자.

| 넥스트유니콘 |

https://www.nextunicorn.kr/

투자 유치를 원하는 창업 기업들과 투자 회사들을 연결해 주는 플랫폼으로 각종 스타트업의 최근 동향에 대한 정보를 얻을 수 있다. 최근에는 투자를 통해 큰 부가 가치를 창출하려는 투자 회사들이 많아지고 있다. 투자 회사들은 큰 성장 가능성이 있는 유망한 초기 창업자들을 발굴하기 위한 투자 회사 전용 엑셀러레이터 지원 사업이나 투자전용 지원 사업도 활발하게 제공하고 있다.

| the VC |

https://thevc.kr/

스타트업들의 최신 투자 동향을 알 수 있는 스타트업 투자 데이터 베이스 정보 제공 사이트이다. 투자받은 기업들의 단계, 투자 규모 등을 한눈에 알 수 있다.

이 밖에 자신의 지역에 해당하는 광역단체(시청, 구청, 군청 등) 정부 출연금을 보조받는 각종 비영리 재단(문화재단, 여성재단, 환경재단 등) 소규모 창업 지원 사업들은 셀 수없이 많이 있다. 창업 시 이런 정보들을 알고 시작하면 사업화 속도에 큰 도움을 받을 수 있을 것이다.

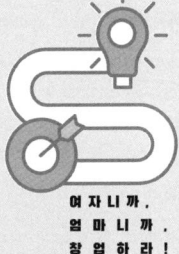

디자이너 바이유
바이유(by.U)는 북 디자인을 하는 디자인 스튜디오입니다.

에디터 하순영
머메이드의 도서를 기획, 편집합니다. 머메이드는 독자의 마음에 울림이 남는 콘텐츠를 만듭니다.
mermaid.jpub

맘스타트업
© 2024. 박은정 All rights reserved.

1쇄 발행 2024년 5월 8일

지은이 박은정
펴낸이 장성두
펴낸곳 머메이드
※ 머메이드는 주식회사 제이펍의 단행본 브랜드입니다.

출판신고 2021년 8월 12일 제2021-000123호
주소 경기도 파주시 회동길 159 3층
전화 070-8201-9010
팩스 02-6280-0405
홈페이지 mermaidbooks.kr
독자문의 mermaid.jpub@gmail.com

소통기획부 김정준, 안수정, 이상복, 박재인, 김은미, 송영화, 배인혜, 권유라, 나준섭
소통지원부 민지환, 이승환, 김정미, 서세원 / **디자인부** 이민숙, 최병찬
용지 에스에이치페이퍼 / **인쇄** 한승문화사 / **제본** 일진제책사
ISBN 979-11-977723-7-5 13320

값 18,800원

※ 이 책은 저작권법에 따라 보호를 받는 저작물이므로 무단 전재와 무단 복제를 금지하며,
   이 책 내용의 전부 또는 일부를 이용하려면 반드시 저작권자와 머메이드의 서면 동의를 받아야 합니다.
※ 잘못된 책은 구입하신 서점에서 바꾸어 드립니다.